中小企業が生きる道

もったいない・おかげさま・ほどほどに

循環型社会システム研究所 代表
森 建司

M OTTAINAI
もったいない

・

O KAGESAMA
おかげさま

もう

・

H ODOHODONI
ほどほどに

目次

第二部　中小企業が歩むべき道

自己矛盾と向き合いつつ将来を思う

あとがき

はしがき

私は二〇一五年に傘寿《さんじゅ》（八十歳）を迎えました。この歳を迎え、自分のことを少しだけでも書き残したいとの思いで本書を執筆しました。私は高校を卒業すると同時に、滋賀県から東京の繊維会社に丁稚奉公《でっちぼうこう》に行きました。それから六十五年余り、中小企業でずっと働いてきました。職種はほとんどが紙の販売であり、後に包装資材、産業資材などに広がったものの、地方問屋として、地方の消費者を対象に販売活動を続けてきました。

その間、学ぶことはたくさんありましたが、就職に先駆けて、親父から、

「いいか、仕事のことも、世間のことも、頭をからっぽにして身体で覚えるん

だ。そこには『あほになる修業をする』という意味も入ってる。大事なことだ。わかったか」

「生きていくのには苦労しても『辛抱』が一番肝心だ。それが出来たら、それを乗り越える『根性』が生まれる。その根性が身についたら、他人に対する『気配り』が出来るようになる。いいか『辛抱・根性・気配り』これもしっかり胸に刻んでおけ」

「世渡りには、我を捨ててこそ得られるものが一杯ある。『損して得とる』ということもある。その世渡りのコツを身体で覚えることや」

――等です。

子どもを世の中に送り出す親は、いろいろと気づかいをし、言いたいことも一杯あるでしょう。息子が社会に出て、違う世界で学んで成長していくと、なかなか言えなくなってしまいます。

親心としては「これだけは、今のうちに言っておきたい。生きていく上で大切なことなんだから」と思うものの、それを聞くほうとしては、「親父の話は時代遅れやなあ。まあ、黙って聞いておくのも親孝行の一つか」と思っているものです。

先に述べた親父の言葉は、よく覚えています。もっとも、他にも言ってくれたかも知れませんが、心に残っているのはこの程度です。

現実に、会社を次の世代に引き継いだ今、難しい経営論や最新の情報以外にも、私が体験的に学んだ(つもりの)ものを書き綴っておきたくなったのも、こうした親心のあらわれなのでしょう。

どうか、事業を引き継いでくれる次世代の諸君、私の思いも参考にしてがんばってやってください。

「M・O・H」(もう)って何?

本書のサブタイトルにもうたっていますが、これから論を進めるにあたり、中心となる言葉は「M・O・H」（もう）です。このM・O・Hは、「もったいない(Mottainai)、おかげさま(Okagesama)、ほどほどに(Hodohodoni)」のローマ字の頭文字をとったものです。

大量生産で、ものが有り余っている状況で、さらなる経済成長を目指している現代では、この「もったいない、おかげさま、ほどほどに」の言葉は死語になりかかっています。しかしこの「M・O・H」に代表される考え方を、社会倫理として再構築しなければ、この社会は長続きしない、つまり持続可能な社会にならないとの危機感から、私たちはこの考え方の普及を実践しようとしています。

現代社会の原点は、敗戦後にあります。壊滅的な社会の中で生きていくために、貧しさから解放されることが善であり、幸福を目指す唯一の道であるという強い思いで、経済の成長発展にすべてを賭けてきました。

競争社会を構築し、勝者の条件として生き残る企業は「価格競争、商品開発、マーケットの拡大、供給体制拡充」等を実現しなければなりません。そのためには、経済合理主義という割り切り方で競争社会倫理を生み出し、その考え方に合わないものは存在すら否定される社会になりました。また、その経済社会の倫理を国民全体に浸透させ、子どもの教育はもちろん、社会人として就職すると同時に、会社人間として所属する企業に忠誠を誓わせ、経済成長に貢献するよう徹底的な教育指導が行われてきました。極端な場合は「愛社心」が家族愛や郷土愛を押しつぶし、人々の心を支配するところまできています。

経済至上主義社会では、競争社会に勝ち残ることが目的であり、地域や国の範囲をこえて、世界に挑戦していく企業（あるいはその経営者）こそ現代の英雄とされています。そのために数多くの自己矛盾が生じ、一部の勝者のみが社会を支配する、極端な二極化が生まれています。もちろんそれは人間社会だけでなく、自然界に対しても自らの存在自体を脅かすような数々の問題を引き起こしています。このままでは環境問題が無限に拡大し、人類に影響を与えるだけでなく、消滅する生物や資源枯渇《こかつ》など、回復不可能な破壊にも進展しかねません。

いまこそ、われわれは自分自身のためにも、大切な子孫のためにも、何としてもこの経済至上主義社会を変えていかなければなりません。社会を変えるためには、政治と産業を変えなければならないといわれています。それを実現する革命的な行動として、市民一人一人が自覚をもって自らの考え方、倫理感をただし、ライフスタイルを変え、それが大勢の人の共感を呼び、広がれば産業は変わります。また、社会の在り方に一家言を持ち、政治家の活動に真剣な目を向け、投票所に向かうようになれば政治も変わります。

それには極めて長い時間と、大変な努力が必要だと思われるかもしれません。しかし、幸いにも(不幸にも)経済至上主義がもたらした「自己矛盾」が身近で問題を起こし、あるいは子どもたちの未来が不安に満ちたものになっていく姿が見えるようになれば、すぐにやらなければならないという危機感が社会に満ちて、意外に早く実現するのではないかと思います。

そのためには市民の自覚もさることながら、新しく政治を志す人たち、あるいは古い政治家たちも、足元と愛する子孫の未来を見据えて、持続可能社会を目指さなければなりません。また経済人も、金銭が一部の人を除いて多くの人を苦しめ、不幸にしていることに目覚めて、活動の方向を変えなければなりません。もちろん研究者も、自分たちの目的としている研究が、未来に不幸をもたらすものでないかを、真剣に判断していただきたいと思います。スタートの段階で主体となるものは幸福をもたらす「善」なるものであっても、その主体が抱えている自己矛盾が、将来成長して不幸をもたらす「悪」にならないか、その判断を誤らないようにお願いしたいものです。

さて、そのような持続可能社会を実現する条件として、現代の競争社会倫理を変えなければなりません。その原点になるものが「M・O・H」の「もったいない、おかげさま、ほどほどに」であり、この倫理感こそが共生社会倫理として、行動を起こす時の判断基準となる原点です。

このM・O・H倫理には「何が」「何を」「どうするのか」という具体的な表現はありません。おそらく多くの人が、「〝もったいない〟って私にとって何だろう」

と考えた場合、それぞれ違った事例が出てくることでしょう。その多くは正しいと思います。まず自分が思う「もったいない」を考えられるだけ挙げて、他の人の項目からも学んでいけば、きっと自分の生活を変えることのできる「教え」を得ることが出来るでしょう。

さあ、これから「M・O・H」の会を開催して勉強を始めようではありませんか。

そして、生きる目標を「持続可能社会」の中に見つけましょう!

あなたの「もったいない(循環)・おかげさま(共生)・ほどほどに(抑制)」はどれ?

それでは具体的に「M・O・H」それぞれについて、かくありたいと願う私の「心のノート」を記します。

「もったいない」
すべては一度限りのいのち
生物も無機物も時間もそして私も
何事も粗末にしない幸せの道

すべては自己矛盾のために生まれ変わる
永遠の命をもつものはこの世には何もない
生物を無駄に殺してもいいのか
無駄な消費は止めよう
正しい節約を心掛けているか
耐久性が配慮されているか
材料の無駄はないか
流行を追っていないか
まだまだ使えるものを捨ててはいないか

先祖から受け継いだものを潰していないか
などなど。

「**おかげさま**」
この世のおかげで私がある
ささやかな力でも
ご恩返しができる幸せの道

無限の先祖から、そして父母から頂いた私のいのち
大自然の中で育まれている命
他の生物（植物）を食べて私は生きている
先祖、家族、周辺の人々、先生、友人
さまざまな社会、地域、経済、一般社会、教育
政治、科学技術、情報、宗教によって生かされている私

出来る限りのお返しをしているか
自然保護の配慮はしているか
地域（社会）のためになっているか
未来社会へ貢献しているか
文化の継承、先祖から子孫への継承は配慮されているか
ひとの幸せ考慮しているか
などなど。

「ほどほどに」
欲望のままに生きられない
現在も未来も自然も人も私も
共に生きる幸せの道

自我の意識だけで世の中を見ていないか

おかげを忘れず我欲をほどほどに
永遠に続く未来にも貢献する心を大切に
競争も高じると戦争（殺し合い）になる
常に強者が弱者をつくり出し支配することを是とする誤り
過度な競争状態を醸し出していないか
当座の利益のみに固執していないか
個人の欲望を抑制しているか（小欲知足）
などなど。

M・O・Hの心で生きるのが私たちの幸せの道

未来をひらく唯一の道
働くよろこび、世のため人のために生きる喜び
それが生き甲斐

挙げればきりがありません。「M・O・H」を念頭に置き、自分が気付いたこと、ひらめいたことを心のノートにきちんと書き留め、忘れないで行動に移しましょう。

それがあなたの生き方になり、さらには共生社会倫理として広がっていきます。

第一部

私の中小企業人生

序章　過去には感謝　現在には信頼　未来には希望

琵琶湖の北部、長浜市のびわ工業団地内に新江州《しんごうしゅう》株式会社の本社がありま す。この近くで生まれ育った私は、二〇一五年六月までこの建物で仕事をしていました。二〇〇三年に脳梗塞《のうこうそく》で倒れた後、社長を退き、その後、会長も退きましたが、それでもこれからの行く末をあれこれと思案している毎日です。

「過去には感謝、現在には信頼、未来には希望」

これはわが社の社是で、獨協《どっきょう》大学の初代学長を務められた天野貞祐《あまのていゆう》氏の揮毫《きごう》によるものが社内に掲げられています。この簡潔明瞭な言葉が、わが社をあるいは私を今日まで守り育ててくれました。その意味は、過去に対してはただ感謝あるのみ、そして現在には不信、懐疑、不安に陥ることなく全幅の信頼をもってあたり、未来に対してはひたすら希望を持ち続ける。私たちの生き方、生きざまを力強く励ましてくれる名言だと感謝しています。

ただこの言葉は、現実の出来事に、そのまま当てはめてよいものではなく、日常のさまざまな困難にぶつかり疲れ果て、恨みや、疑い、絶望などに打ちのめされそうになったとき、原点に返ってこの言葉を思い出し、口に出して唱和した時、「ハッ」とわれに返り気づかせてくれるものなのです。つまり力強い基本的な生活倫理なのです。これからも「新江州」が続く限りこの理念を忘れず、全社員が胸に刻んで前進していただきたいものです。

第一章　過去に感謝　商人としての原点

一、吃音に悩んだ少年時代

私が少年時代をすごしたのは、第二次世界大戦後の混乱期、壮絶な物不足の時代でした。

爆撃で廃墟になったわが国土は、新しく勃興する産業を受け入れるにふさわしい役割を果たし、人々の意識も、物資の欠乏の困難からなんとかして這い上がろうとする必死の気構えがあった時代です。少々の苦難もどうにかして乗りこえて、物質的に豊かな社会へと希望をつないで猪突猛進してきました。

一九三一年（昭和十一年）に生まれた私は、終戦の時には小学校三年生でした。父は大阪で鉄関係の会社を経営していましたが、戦後間もなく亡くなり、私は疎開《そかい》していた父の兄の家の養子に入ることになりました。養父は、戦後間もなく、紙問屋を興しましたので、半農家のこの家では、農作業をする男手がなく、食べる物にも事欠く大変な日常でした。

都会とは違って、多少は食べるものもあったとはいえ、常に空腹との戦いで、学校帰りには、よその畑の大根やサツマイモを勝手に引き抜いて、小川で洗ってかじりながら帰ったこともしばしばです。家に帰れば子どもの仕事が待っていました。大小便を肥桶《こえおけ》にくんで畑に撒いたり、風呂の水を小川からくみ上げたりなど、なかなか力のいる仕事が決められていました。

実は私は、幼少の頃より、ひどい吃音《きつおん》でした。小学校に入る前、私と兄は、大阪で暮らしていた時、御用聞きに来る吃音の小僧さんの話しぶりをふざけて真似していました。頻繁にふざけていたのは兄だったのでしたが、どういうわけか私だけがその後、吃音になり、このことも影響しておとなしい性格のまま成長しました。

人前で思うように話ができず、学校生活では何度となく悔しい思いをしたものです。そしていつも吃音を治したいと思い続けていました。

ある日、養父からお客さまの所に用事を言いつけられて出向きました。ところが言いたいことがうまく言葉になりません。恥ずかしくて余計どもってしまいます。最後に先方が紙を出してくれ、それに用件を書いて渡してきました。中学生の頃です。その後何日かして寝ていますと、隣の部屋で義理の両親が話をしていました。

私は寝たふりをして聞いてしまいました。義母が、

「あの子、どもってしゃべられへんかったようよ。『ようあんな子、養子にしたねぇ。返しはったらどう』って、言われたわ……」

義母は、いつもやさしく励ましてくれ、唯一私の味方と思っていましたが、周囲の人の声を気にしていたのです。そんな母の言葉に父は、

「そんなこと心配せんかてええ」

とぶっきらぼうに答えただけで終わりました。私はその時、寝たふりをしなが

ら、言いつけに来た人に対して憎しみを募らせ、「あのくそ婆、死ね！」と涙を浮かべたものです。

今考えると、周囲の人の私に対する思いは皆同じだったと思います。しかし、この時の悔しさが、私の原点だったのです。ここで「今に見ておれ」という気持ちが生まれました。

アメリカのG・E（ゼネラル・エレクトリック）社を創設したジャック・ウェルチ氏は子どもの頃、やはり吃音でしゃべれなかったそうですが、お母さんは「あなたの頭の回転の速さに追いつく口はないわ」と言って、誉めたそうです。劣等感でなく自負心を持たせることが、大いなる成功を生み出す秘訣だというアメリカ風の考え方だったのでしょうか。

田中角栄氏も吃音で、政治家になるために新潟の海に向かって浪曲をうなって治したそうです。これは心の問題だと思います。科学的に分析するのではなく、精神力の世界に入って、戦うことが大切なのです。そうして、確固たる自分の人生観を持ち、世の中をすら変える力にまで育て上げたということではないでしょうか。

中学生時代には、文学に興味を持ち、図書館の本を読みあさったものですが、当時の私は、吃音である自分を自閉的に追いこみ、「人間は死を選択できる唯一の動物だ」との持論で、「自殺すること」がなぜか甘美なことのように思えて憧れすら持っていました。

こんな私を救ってくださったのは、大阪吃音矯正《きょうせい》協会を紹介いただいた担任の先生でした。ここで指導を受けたことで、それまでの私の生活は大きく変化し、生徒会の会長選挙に立候補するまでになったのでした。

二、丁稚奉公に出る

私の社会生活の第一歩は高校を卒業して東京日本橋の繊維会社に丁稚奉公《でっちぼうこう》したことです。父が仕事の後継ぎのためには修行せよと、なかば強制的に決めていたのです。

丁稚奉公というと、ずいぶん昔の事のように思われるかもしれませんが、昭和三十年代の頃、今から五十〜六十年ほど前のことです。当時は商売の後継ぎをする者は、丁稚奉公と決まっていましたし、娘は嫁入り前の行儀見習いで女中奉公をすることは、滋賀県ではかなり一般的な慣習でした。

日本橋を奉公先に選んだのは、当然ながら近江商人の店だったからで、そこで教えられた事を書けばキリがありません。

例えば、そこでは「店の間《ま》」で私たち丁稚が寝ていて、起き抜けに掃除道具をもって店の掃除に掛かります。朝一番に人より早く箒《ほうき》をもって掃《は》きはじめるのが要領が良く仕事のできる者だと初日に教えられたのですが、次の朝、勝負はすでについていました。

というのは『仕事のできる者』は、なんと寝るときに箒とともに寝ていて、起きたときには既に箒を抱えて掃き始めているという次第でした。のんびり育った私は、起きるのが精一杯で、先輩を「近江商人もあかんようになったもんやなぁ」と嘆かせたものでした。

こうして始まる一日は新しい経験の連続でした。夜遅くに店の女中さんの指示で後片付けを終えると、ようやく二十番目ぐらいに風呂の順番が回ってくるわけですが、そんな大勢の入った残り湯に入ることにもビックリしましたし、また忙しいさなかに番頭の背中を流すというのも驚きでした。

番頭さんの大きな背をささくれだった手で洗っていると、情けない気持ちになったものでした。そんな時、

「なんで背中を流さしてるかわかるか。お前ら学校出は角《かど》だらけや。その角を取って一人前に成るように仕込んでいるんやぞ。笑って〝へぇ〜い〟と言うてみィ」

そのころ「辛抱・根性・気配り」の意味の大きさが胸に沁みました。

「世渡りは辛抱が肝心。何があっても一時《いっとき》の辛抱や、じっと堪えなあかん。人間辛抱してると根性が出来る。少々叩かれてもへこたれずがんばって立ち上がる、そんな根性が出来るんや。そうやって世の中で苦労してると人間の〝幅〟いうもんが出来てきて、人への思いやりが出来るようになる。それを気配り言うのや」

――とまあこんな具合でした。

東京に一年、その後、名古屋の紙問屋に六年、ここも昔ながらの丁稚奉公を勤め、その後に父の会社に入社したのです。

三、行動の原点としての「始末・算用・才覚」

戦後間もない一九四七年、軍需産業に沸いた時代から、敗戦により一八〇度転換する価値観の中で、父は、紙問屋を創業しました。

創業者・森嘉七は「これからは文化の時代だ。紙の需要は拡大し続ける。紙販売は社会貢献につながり、継続するには理想的な仕事なのだ」との信念で開業したのです。

当時は文化を支える情報手段は紙以外には、わずかにラジオ放送があった程度の時代で、「紙は文化のバロメーター」の言葉どおり、紙の需要は増え続けました。

やがて時代が落ち着くとともに食品や日用雑貨、家電製品、プラスチック製品などの製造が始まり、わが社も包装資材の取次販売を開始し、地域密着型の企業として定着していきました。創業して十年後には、お客さまからの要望もあって段ボール紙器の製造販売を併業するようになり、別会社を設立しています。

私が入社まもない一九六五年に、紙問屋として出発した「江州紙業《ごうしゅう》」と、段ボール紙器の販売を行う「江州段ボール紙器」は合併しました。

戦後の極端な物不足の時代から、高度経済成長の時代に入りかけており、経済活動を行うには絶好の時代が訪れていました。

さいわいなことに、当時の滋賀県は、地場産業の発展だけではなく、名神高速道路や東海道新幹線など日本列島改造にむかっての動脈が次々と完成し、日本の大動脈としての整備が進んでいました。こうした立地条件の良さにより、県外からの工場進出が続き、その社会環境に恵まれてわが社も事業拡大のチャンスが続きました。

次第にお客さまのニーズに合わせて、包装資材から産業資材も扱うようになり、右肩上がりの成長を続けることができたのです。零細企業からスタートしたわが社も、滋賀県南部に設立した栗東《りっとう》事業部をはじめ、拠点開発に乗り出し、「毎日訪問・毎日配達」を合言葉に、地域企業に密着する営業活動を続けていきました。増産・拡大を続けるお得意様の購買代行業として、また幅広い仕入情報をもとに、包装設計・資材に関する情報提供も事業の一環として重視してきたのです。

そのころの行動の原点として「始末・算用・才覚」をよく教えられました。
物事は始末が肝心、始末には節約という意味だけではなく、前後の帳尻をきちんとするという意味も含まれ、「損して得とれ」という算用もあるということです。また一人ひとりが自分の才覚を働かせよ、と、今でいう「指示待ち族」ではだめだということでしょう。これらは、古くから商人の心得として言われてきたもので、学校出たばかりの若い私も先輩たちから、耳にタコができるぐらいによく言われた教えです。なんでもデータ優先で物事を判断する現代ですが、行動の原点としては、現代にも通じるものだと確信しています。

コラム 祖母の哲学が私を育てた

わたしの祖母は文盲でしたが、その中で子どもを皆、商売人に育てました。口癖は「人間はカンジョウの動物やから、ソロバンを忘れたらあかん」と言うのです。感情と勘定とを間違えていたのです。

「そら違う。そのカンジョウいうのは怒ったり笑ったりする感情の事や」と子どもの私は言いましたが聞きません。

「商売人は損して得とる、そういう難しいカンジョウも出来なあかん」そういう祖母の哲学で私たちは商売人に育ちました。

二十世紀はモノを追求した時代です。どうすれば安く製造できるか、改良できるか、モノを研究した時代です。マーケティングの世界では、人の心も数値化して分析をしてきました。これでは世の中は間違った方向に進んで行くかも知れません。価値の本質をモノから心へ移す必要があります。自己の思いを確立する、今はその人間らしさが求められているのではないでしょうか。

四、「毎日訪問・毎日配達」を合言葉に地域密着型営業の推進

当時の主力商品である包装資材は、製造業が成長を続けている限り、需要の減少について心配することはありません。さらに包装資材は包装が解かれると同時に廃棄物になる消耗品であり、必ずリピートオーダーが来ることは間違いない商品でした。とはいえ、地元企業の新規参入や、県外からの進出もあり、競争相手が登場し、利益は簡単に確保できるものではありませんでした。

それでも、滋賀県内に営業活動を集中し、多数のセールスマンが、毎日訪問を繰り返し、配達も毎日お伺いしますという「毎日訪問・毎日配達」を合言葉としていました。地方問屋は、原則として自社に置く在庫を、客先の注文に合わせて品ぞろえして納品し、その注文を承りに御用聞きという足を使った営業活動を展開していました。それだけに需要先と自社との距離が近いほど効率が良く、競合先との勝負は、ひとつはその距離の遠近差によって決まることが多く、「毎日訪問・毎日配達」を徹底したのです。

扱い商品は「最寄品」であり「消耗品」であり、そのひとつの包装材料は、商品を包装するためには、内装から外装までかなりの商品群が必要で、「どんな包装材を、どのような組み合わせで使うのか」「包装時の利便性は」「デザインは」「強度設計は」「コスト計算は」などを考慮した包装設計を行います。

商談が成立するとその商品を品ぞろえし、在庫を抱え、必要に応じて量は少なくても毎日配達する。これが地域密着型の地方問屋の大きな役割だと考えます。まさしくわが社のこの方法は、中小企業でなければ出来ないと思っていました。

そして長らくこの路線を中心に経営を進めてきました。しかし、安定した継続条件として、客先のコストダウンをはじめとする様々な要請に完璧にこたえることには限界もあり、常に低収益に悩まされ続けてきたのでした。

五、事業の拡大、そして上場への夢

わが社にとって大きな転換のひとつは、一九七〇年代に入って、二代目中川菅雄社長の時代に行われた田辺経営（現タナベ経営）の指導による管理会計、目標管理、方針書管理の導入です。

戦後創業した中小企業は、下請け企業として、地場産業として、あるいは、卸小売業として個人経営から拡大してきました。それにあわせてマネジメントの確立が必要になってきたのです。経理処理はできても、目標管理であるとか、部門別業績の把握とか、全社員に周知徹底するシステムとか、方針書管理などを初めて学んだ私たちにとって、これは新鮮な驚きでした。

一方で、総務関連ではメインバンクから迎えた人材によって、労務、総務の充実も図ることもできました。業務内容の拡大とともに、北陸や浜松への事業部開設も進み、次の段階に発展する基礎づくりが構築されたのです。

一九八七年、五十一歳の時、中川菅雄の後を引き継ぎ、社長に就任しました。昭和から平成のはじめにかけて、我が国はバブル経済の時代を迎えていました。製造業の拡大、不動産への投資、サービス業の展開、グローバル化の促進、その右肩上がりの状況は、半永久的に続くに違いないという錯覚を日本中が持っていたのです。私も社長に就任した当時、中堅企業としての条件を構築して上場企業を目指しました。

「わが社は、マネジメントも、人材も、ベースになる事業も安定的に維持されている。その間に拡大戦略としての新時代対応型の企業内ベンチャーをおこそう」と、多角化の戦略をとりました。コア技術として得意とする製品を持ってはいるものの、需要の集中する大都市に立地しているわけではなく、地方から広域的に拡大するためには、多角化による総合力の発揮しかないと考えたのです。

そして四十五期（一九九三年）に百億円の売上を目標に長期経営計画を策定し、コンサルタントの指導も受けながら上場に向かいました。その時に策定した事業理念は、次の「ＣＩＣ　事業理念」です。

「われわれは常にユーザーに対し
　真の消費者主義（Ｃ）に基づき

価値ある情報（Ｉ）の伝達と
顧客の利便性（Ｃ）を第一義として商品と情報とサービスを提供する」

これは多角化戦略をとるための手段として、商品と情報・サービスを取り扱っていく、ということを示すと同時に、その取り扱い方を示したものです。事業展開を図ろうとする場合、まず今日的な社会環境で「真の消費者主義」とは何かを考え、乱れ飛ぶ関連情報や商品、サービスの中から、お客さまに価値ある物を選び出し、地域密着型企業としての利便性を果たしながら提供していこうというものです。

当社の固有技術の獲得を目指して独自の商品開発、技術開発にも取り組むことにし、開発部門の充実を図り、同時に「情報力・販売力・製造力」のバランスのとれた経営を目標としたのです。さらに開発品の全国販売を狙って東京、大阪に事業所を置き、住宅資材部門を立ち上げ、セールスプロモーション、ＷＥＢサイトの作成などの事業化を図ってきました。新事業は、それぞれに試行錯誤を重ねつつ、現在も進行中です。苦戦している部門もあるとはいえ、何とか軌道に乗せられてきたかと思います。

私は社長に就任後、志を持って上場を目指していました。そのために多角化を進め、全国を商圏とした体制作りを開始していました。そして上場の準備として、三年ほどアナリストの教育を受けたのです。この時、テスト的に業績の目標をたてたのでしたが、年末の時点で三月の期末予想では目標達成ができないとわかったのです。指導してくれたアナリストから、

「今期末の目標は達成できそうにありませんね。年末の賞与はどうしますか？」

と聞かれました。目標が未達成であっても、その時はかなり大きな利益を想定していたので、未達成とはいえ経営を左右するものではありません。

「当然、年末の賞与は予算通り支払います。損失が出ているわけではありませんから」

と答えました。するとアナリストは、

「社員に対する責任を感じていることはわかります。しかし、株式の上場となると株主の利益中心の考えに変えてもらいたいものです。賞与は半分でもいいのではないですか」

と言われたのです。

「それはできない」

と答えると、

「社員の教育以前に、社長の教育が必要となりそうですね」

と、皮肉っぽい言い方をされました。

この時、上場するというのは、経営者は、社員の幸せを願う以前に株主の利益を優先するのだとはっきりと自覚したのです。しかし私にとって、これは、とても人の道としてすべきものではないと感じました。

近江商人の家訓として「売り手よし、買い手よし、世間よし」が伝えられており、さらにこの三つをまとめた「三方《さんぽう》よし」という経営理念が有名です。この理念は、遠い昔、地域の商人たちがこつこつと築き上げ、信用を失うことなく子々孫々にまで事業の永続を願い、家訓として申し伝えてきた名言です。

地域の中における経済活動においては、売り手が買い手になることはしばしば起こりうることであり、地域社会の中で、その企業の存在を大切に思ってもらえるような企業でなければならないのは当然だと思っていたのでした。しかし、残念ながら、上場する企業にとっては「三方よし」は通用しないと認識したのです。

つまり、

「投資家が期中の利益と、投資の見返りだけを要求する資本主義経済下の上場企業では、『売り手よし、買い手よし、世間よし』は通用しない」

と思ったのです。資金を広く集め、社会的にも優位な企業となることは、当然ながら、ここで働く人々に幸せにつながるとの認識で、上場することに向かってきたのでした。しかし、結局上場することはありませんでした。

六、消費者と供給者はイコールだ

私は、地域密着型の営業展開を進めてきました。「毎日訪問・毎日配達」の方針は、コストダウンなどの厳しい要請があろうとも、それでも、長い付き合いの中で育まれてきた信頼関係があり、お得意様の要求をできるかぎり受け止めながら、さらなる永続的な関係を続けていきたいと思っていました。

経済活動は需要と供給とによって成り立つのですが、経営学では、この二つは別の存在であるかのように教えています。しかし生産者は家族と共に暮らしていくために、必要な消費資金を稼ぐ生産活動を行っています。主婦が消費活動に専念していたとしても、その資金は家族の内の誰かの生産活動によって出来たものであることには間違いありません。つまり消費者と供給者（生産者）はイコールであると考えます。仮に家族が働いて生産している分野と、消費する分野が異なっていても、少なくとも自分たちと同じ仲間が一生懸命働いて作った商品なのです。

中小企業は経営者と従業員とが一体になって、終身雇用、年功序列でまさに家族関係そのものの愛情・執着心を持って一つの目的に向かって一心不乱にがんばっています。その絆が顧客にも、地域にも広がり、心を許せる信頼と安心のコミュニティとして、末永い未来に向かって事業承継していくのではないでしょうか。

経済の規模として小さくても、数多くの地域産業が生まれれば、地方にも雇用が生まれます。ただ経済至上主義の事業体ではないので給料は安いかもしれません。労働もロボットや自動機が少ない分、体力を必要とするでしょう。しかし、究極は人間を排除する方向に進む大量システムの世界ではなく、人の手仕事が多くなる職人芸の世界に近くなると思うのです。

第二章　幸せに貢献する中小企業

一、大企業と中小企業、本来の企業のあり方を考える

上場への道を自ら閉ざしたことへの後悔はありません。むしろ、経済至上主義社会の中で、中小企業だからこそやり遂げられる経営を、確実に実行したいという思いが募ってきました。同時に、この頃から、企業の本来のあり方が何なのかと考えるようになってきたのです。

中小企業は全国の地域に細かく分散して、消費者の身近に存在しています。そして直接顧客から個別に注文を取って、希望の品を供給するのが大半の中小企業です。

ちょうどわが社が「毎日訪問・毎日配達」を合言葉として地域の企業の要請に応じていたこのスタイルもそうでしょう。顧客は長年の取引がある固定客が多く、売り手も買い手も双方が相手をよく知っています。買い手は本音で欲求を語り、売り手はその本意に沿うものを探して供給するのが当然です。売り手には加工業者もあれば商店もありますが、一般的には加工業者は町工場であり、製造業というより加工業として、依頼を受けた消費者や小売店の気心を理解しているので意に沿うものを提供するはずです。

住宅や着物などの高額商品の場合は、購買者（施主《せしゅ》）が自分一代で消費するものでなく、子孫に引き継いでいく大切な財産ですから、供給側も顧客の思いを重大に受け止め真剣に対応します。とくに住宅などの場合、施主と棟梁《とうりょう》や材木業者が一体となって創りあげた自分たちの作品ですから、代が替わっても永続的に、それぞれの立場で注意して見守っていくという話も以前にはよく聞いたものです。このように、顔の見える範囲の中での経済の仕組み、動きが本来の商いの在り方ではなかっただろうかと思います。

中小企業の場合、「地産地消」で、狭い地域の中で、消費者の要望から小売店、問屋、生産者とつながり、顧客の要望をよく理解し「一体となって」取引が行われ、人々の幸せに貢献する、これがなくてはならない本来の経済原則だと認識します。

これに対して大企業の経営目的の多くは、結果として個人の幸せというより、投資家への貢献であり、あるいは国家を直接的財政面で支えていく「右肩上がり」の拡大戦略や、国際間での経済力順位などへの評価であり、そのために奔走しているようにしか見えないのです。

表面的にはいざ知らず、その本質的な経営志向は一般消費者の世界からかなりかけ離れています。また、コストダウンや品質管理の企業間競争に勝ち残るため、労働者と経営陣とがますます分離し、二極化が極端になってきています。とくに巨大資本による企業統合などが進むと、人間の存在感がますます小さく消えてしまいそうです。

もちろん末端の消費者を無視して経済は成り立ちません。しかし大企業のやり方では、中小企業のように消費者の個別の注文に応じて動くのではなく、経営学といった学問的な検証から生まれたマーケティングの手法などを用い、さまざまな情報機器を駆使して、消費者に対する洗脳活動を徹底して行います。朝早くから深夜まで、電力が不足しそうな状況になっても、なお、美辞麗句を並べた企業のコマーシャルが放映され続けています。まさに供給側の都合のいい消費者を作り上げていると言うほかはないと思います。まさに自立した消費者の欲求に応える経済ではなく、巨大企業の「右肩上がりのみが『善』」という勝手な思考法によって、消費者を支配し牛耳っているとしか思えないのです。

つまり、金融資本主義といわれるような世界の巨大資本や私利私欲の投資家たちの金もうけの手段として、大企業という化け物が誕生し、人間はその奴隷になっているに過ぎないと思うのです。

二、供給側が創った消費者の思想

最近では、家電製品はもとより情報機器まで事実上、消耗品扱いとなってきています。このような高級品が、なぜ早々と廃棄されるのでしょうか。

その一因はメーカーの経営戦略です。先進企業では理工系の卒業生を大幅に採用し、科学技術力をレベルアップして、自社商品の改良や新機能開発に血眼《ちまなこ》になっています。世論の示す方向に舵をとり、耐震強度の家、5Rのエコ対応商品、省エネ製品、そして商品開発の本命である省力機器、その他広告宣伝を行えば、需要はどこまでも喚起されるはずの現代社会において、次々と新機能搭載の商品開発をしてきたのです。

一方、大型店舗による大量流通が始まり、量販店には客を集めるための装飾デザイン、品ぞろえ、店員の対応、遊びの空間などが快楽的に、煽情《せんじょう》的に、見事に配置され、人々の購買意欲を増幅させています。

家族や友人と店舗を訪れるだけで楽しめるよう、癒しの空間が用意され、ちょっとした買い物のついでに、店舗を訪ねることがリラクゼーションの大きな部分となっています。衝動買いなどは当然の行為であり、また、カードの利用によって現金がなくても買える便宜性が、借金生活の入り口として口を開けているのが現実です。

今日の資本主義社会の経営学では、消費の拡大を究極の目的として、客の懐を大きく開けさせることに目的を絞り込み、研究を重ねてきました。その成果は見事に成し遂げられたのですが、それこそが、今日の過剰生産による諸問題を引き起こし、人類の危機さえ論じなければならない事態を招いてしまったのです。

三、取り戻そう自立型地域経済

中小企業は経済至上主義時代の中でも、モノづくりの下請企業としての存在価値はありました。事実、大半の中小企業は地場産業の衰退とともに廃業の危機に見舞われ、進出をしてきた大企業の下請仕事を獲得するのに、自社の存亡をかけて必死の努力をしてきました。下請企業は平時にあっても親企業からの値下げ交渉や同業者との価格競争に泣かされながら、求められるままに経営者をはじめ社員全員が洗脳教育を繰り返し受け、時には不合理な要望にも応えてきたのです。

その受注先の大企業が突如として地方工場を閉鎖、縮小あるいは海外移転、さらにはM&Aで違った会社になってしまうことも少なくはありません。つまり中小企業がモノづくりに努力を重ねても、自らの力で消費者へ向けての販売が出来ていなければ、「自立型」ではないのです。

エネルギーの問題ではスマートコミュニティとして、発電事業等を分散化しようとする動きが出てきています。スマートコミュニティが電力会社からの自立をいうように、地域の中小企業が経済至上主義思想に犯された大企業から自立して、コミュニティの力を借りながら、新しく地産地消に求められている事業を興していく、これも「自立型地域経済」あるいは「共生社会経済」を構成するスマートコミュニティの一つです。

もちろん、このような自立型事業は、過去においては地域に普通に存在していました。あり得ないことながら、仮に、現在の量販店がなくなり、かつてのように商店に客が戻ったら、地方都市には商店街が繁盛し、過疎化地域にも相当数の商店が復活し、その個別の商いから人的交流、人の絆も数多く生まれ、高齢化社会の問題点の相当部分が解決することだろうと思います。

長年にわたって経済社会を一人占めにしていた大量生産、大量流通、大量消費のシステムを否定し、「共生社会経済」の実現をめざそうとしては、いかがでしょう。生産者と消費者とコミュニティが一体となって事業が形成され、その過程で三者の意見が十分に交換され、消費者も構成員の一人として、自分たちの仲間が作った製品に誇りと愛着を持ち、またクチコミで宣伝もしてその事業の永続・繁栄に協力していく。その「責任と権限」があることを、三者体制の中でしっかりと認識することが求められるというような社会の実現を、次第に夢見るようになってきました。

ところが、こうした自立型社会は、グローバルに広がる市場のマーケティングとしてではなく、中小零細企業の人の絆に支えられた、まさに「売り手よし（生産者）、買い手よし（消費者）、世間よし（コミュニティ）」の「三方よし」の商売の原点に則るシステムであると確信してきたのでした。

第三章　環境改善運動の実施

一、エコロジー情報館の開設

戦後成長を続けてきたわが国は、大量生産・大量消費のシステムが根付き、それによって大きく発展してきました。しかし、その半面、廃棄物が増え続け、環境への影響が大きな社会問題となり、数多くの規制が掛けられるようになりました。一九九五年、容器包装廃棄物の減量化と再資源化を促進するための法律「容器包装リサイクル法」も制定されました。

この法律は、家庭から出るゴミの約六〇％が容器包装廃棄物であり、事業者・自治体・消費者相互の連携によりリサイクル・リユース・リターナブルのいわゆる「３Ｒ」をいっそう推進させるためのものであり、循環型社会構築を目指すとされたものです。

わが社は、包装資材を販売することで成り立つ企業ですが、社会の動向に呼応して固有技術の開発に向けてのテーマを、「環境改善」とすることにしました。

先にも述べたように包装資材は必ず廃棄物になります。したがって、その削減は社会的要請であると考えなければならないのです。かりに包装資材削減がわが社の事業目的に矛盾していても、避けては通れないと判断しました。

社内から、とりわけ営業の第一線からは反発もありました。しかし、社会が必要とする方向に背を向けることの方が、企業の存亡にかかわることになると判断しました。自分自身もこの決断に踏み切るには大きな勇気が必要でした。当然、売上減は覚悟しなければならないでしょう。それでも、社会的な使命に反する商いを続けることこそが罪悪だと感じたのでした。包装資材が廃棄物の筆頭とはいえ、社会の構造の中で必要不可欠のものです。ではこれらを社会的にも受け入れられる商品とするためにどうするか、という包装資材企業としての努力がこの時から始まりました。

そしてまず最初に手掛けたことが、「エコロジー情報館」の開設でした。社内の一角に、環境対応が充分で、かつ未来型の包装資材や素材等の展示を行うスペースを作り公開しました。社内に担当部署を設け、わが社の仕入先をはじめ非取引先のメーカーや商社、あるいは卸売業者にも働きかけ、環境対応の新製品や、未完成の開発途中の製品も併せて展示をしました。

商品を市場に出す時、欠かせないが包装資材です。他社製品より優れた環境対応型の包装が施されていることも、市場の評価を得るためには必要なことです。その情報源としても利用していただくことができました。

このエコロジー情報館の開設と前後して、滋賀県に本社のある大手スーパーをはじめ「産・官・学・民」の皆さんと一緒に「NPO法人エコ容器包装協会」を創り、包装資材の具体的な削減への取り組みを始めました。ちょうど、容器包装リサイクル法が発効したときのことでした。

当時、スーパーマーケットの売場には四万アイテムほどの商品があるといわれていましたが、そのすべての商品は包装され、さらにその商品が家庭に持ち込まれたときには、包装資材はすべて一般廃棄物になるのです。売場は、必要なものを売ると同時に毎日大量の廃棄物までも売っていると言っても過言ではありません。わが社では包装資材の加工販売を業としていたので、ここ二十〜三十年間は、包装関連の売上は順調に伸びていました。量販店の進出とともに、小さな菓子まで一個単位で包装され、野菜や惣菜に関するものも加工食品として店頭に並び、丁寧に包装されるようになっているのです。その清潔感と取り扱いの利便性、デザイン性から消費者の趣向に合致したものであったことは間違いありません。

そして、その流れの中で決定打となったのがペットボトルの普及でした。当初は大型のもののみが流通していたのでしたが、すぐに小型の形状のものが大量に出回るようになりました。ジュースや水から始まり、お茶までペットボトルに入れたものを出すのが一般的となってきたのでした。お茶は本来東洋の(日本の)

伝統があり、作法など優雅なものであったはずなのですが、今は水がわりにがぶがぶ飲むものに様変わりしてきたようです。また価格競争の結果、生鮮食品のようなものまでグローバル化が進み、商品の保護性（物理的・質的）、取り扱いや輸送の利便性、あるいは量販店をはじめ無人販売に対応するため、メーカーからの伝達事項の記載の必要性もあり、包装は過剰になる一方だったのです。特に和風の贈答品には伝統として「包装文化」にまで成長してきたのでした。

こうした現状から、この包装をなんとか減らそうと「エコ容器包装協会」というＮＰＯ法人を設立したのです。人々の生活と密接な関係を持つ、大手スーパーやそのスーパーに納入している企業をはじめ、消費者モニター、研究者、包装業者が集まって包装削減の勉強会を重ね、ＩＳＯ１４０２１（自己宣言型エコラベル）の認証業務まで行いました。しかし、結果的にはほとんど成果をあげることができませんでした。

それどころか、法律制定後、いっそう商品がグローバル化して遠距離輸送が増えることによって、ますます包装が過剰になっていくという皮肉な状況になってきているのです。

一方で、消費者の行動もペットボトル全盛時代に入り、あるいは独居用惣菜などの商品化など、簡便な既製品によるライフスタイルが定着して、賞味期限の延長を含めて、個別の保護性が包装に対して一段と求められ、結果として包装資材は物量的にもますます増加していったのです。

エコ容器包装協会では、ISO14021のスタートする前のことであったのですが、大学院のゼミでこの自己申告制のエコラベルの普及促進を図るため、その審査の手順や進め方などを構築し、十二項目の内容について小規模事業所の委託を受けて、NPOが認定作業を行い自己申告エコラベルを出そうとしたのです。相当の準備期間と審査員の養成講座も設け、市民活動家や包装資材業者、学生なども審査員になっていただきました。このISOの項目が日本工業規格にもなりスタートしました。事前に業界紙に広告を出したりしていたので、間違いなく依頼は殺到すると確信していたのでしたが、予想に反し依頼は皆無でした。

わが国統一の「日本環境協会」認定のエコマークでも店頭ではほとんど無視さ

れ、エコマークが消費者に商品選択の基準となっているとは到底考えられないというのが実情です。

消費者モニターにお願いして、店頭商品からグッドパッケージ、バッドパッケージを選び、該当商品のメーカーの担当者も会員として参加する、ワークショップで審査結果を議論するようなイベントなどを開催するなど、このNPO法人は五年余の間活動を継続したのですが、環境負荷削減に効果的な包装改善がなされた事例はほとんどないに等しいものでした。

二、生活者の意識の中で価値観を変えることが必要

このように包装ごみを減らそうというNPO活動は不成功に終りましたが、その時、気付かされたことは供給側がいかに改革を目指して努力しても、生活者である消費者の意識や行動が変わらないと大勢は変わらないということでした。

その消費者の意識は、供給側の長期にわたる洗脳ともいえる激しい宣伝活動の

結果によるものですが、「より廉価なもの」「品質の保証されたもの」「いつでもほしいときにほしい場所で供給されるもの」という、この三条件を消費者が求め続けている限り、大量販売、大量（遠距離）流通、惣菜など加工食品などのグローバル化も含めての輸送などなど、包装に対する要求はますます過剰になり、削減されることはまずないと判断したのでした。

経済至上主義の社会倫理や価値観を変え、自然との共生を目指すためには、「まず生活者（消費者であり選挙民である）の意識、価値観を変えることからはじまる」ということに気付かされたのです。そしてその新しい生活者の意識、行動が、やがて政治や行政、産業、生活習慣を変革させ、初めて社会を変えていくことにつながるのだと強く感じました。

わが社が包装資材取り扱い業者として生き続けていく限り、現在の流通・物流のシステムは変わらないほうが安定的な経営を続けられるでしょう。しかし、大きな自己矛盾を抱えている現在の資本主義社会は、決してこのままの体制で続けられるものでないことは、いまや自明の理となっています。われわれは第二次世界大戦に敗戦したときや、古くは明治維新のとき、社会の体制の変換を経験していますが、そのような変革が必ずや起ころうとしていることは、大方の人々が予感しているはずなのです。

企業経営はわずかな社会の変動によって、大半の企業が大きな影響を受けるでしょう。そのために常に社会の変化に対応する努力をもち続けなければならないとひしひしと感じはじめてきたのでした。

三、一九七〇年代のライフスタイルを取り戻そう

容器包装リサイクル法の施行に伴い、NPO法人エコ容器包装協会を、社会的な反響は確かだと思って設立しました。ところが意図に反して頓挫したことで、かなりの挫折感を覚えていました。ちょうどこの時、地元京都新聞社から執筆依頼があり、社会体制の変化について、私なりの持論を紙面でぶつけることにしま

した。

少し長くなりますが、以下に引用いたします。

エコ村の提案（京都新聞二〇〇〇年五月十二日「よし笛」より）

二十一世紀には曲がりなりにも循環型社会を実現しなければ、人類にとって重大な影響が出かねない。そのことはどうやら自明のこととなってきている。そうであれば産業界をはじめ行政、研究者、消費者など少なくとも環境問題にかかわる人たちは、この社会システムの実現に努力を集中させるべきなのは当たり前のことである。今後リサイクル活動など環境負荷の削減をめぐって懸命の対策が講じられても、はたして循環型社会の構築は、いつごろ、どんな形で実現可能なのだろうか。場合によっては大変革がおこって新しい社会システムを作り出すようなことがあるにしても、理想とする社会像があいまいな中で、過去の価値観を引きずりながら、試行錯誤を重ねて進むようでは到底おぼつかないと思われる。

そこでこれまでの生活習慣や、価値観をダイナミックに変えるためにも、一度過去を捨てて、まったく何もないところから新しいライフスタイルを構築する実験に挑戦してみてはどうだろうか。

たとえば新しい土地にエコライフを実現する「エコ村」をつくる。仮に百戸ぐらいの小集落から始めるとして、この村の理念は当然、循環型社会に近付けるためのあらゆる努力を傾けるものであり、同時に可能な限り快適で幸せな生活環境を維持しつつどう実現していくかの実験である。

したがって、具体的なコンセプトのひとつは「シンプル・イズ・ベスト」。そして二つ目には、それが必要かどうかの判断基準は「それは人を幸せにするか」におく。

住宅は、昔の文人たちが好んで使ったような「庵」とまではいかないにしても身近に不要な物は極力置かないライフスタイルであれば、周囲の自然に調和する簡素なたたずまいなども良いかもしれない。また自動車にしても公共のバスと、村民の経営する個人タクシーを利用すれば、個人で所有する必要はない。日用品の調達は、集落内にできる小売店を利用すれば、余分なパッケージを施したものは買わなくてすむ。周囲の農場では農業に挑戦しようとする人たちを受け入れるだろうし、都会のサラリーマン生活者がリタイアして暮らせる仕事は、村の中でも結構見つかるだろう。また日常生活においては、画一化された工業製品ばかりを使うのでなく、時々は不良品が混じるかもしれないが、手づくりの、職人の腕によるものを使ってゆく。当然、豆腐屋さんも村の中で始めることができるし、年寄りばかりでなく、若い人たちのも魅力ある生活環境をつくってゆく。その代りひとつだけ、覚悟する必要がある。

それはこの新しいエコ村計画は「所得半減計画」になる可能性があることだ。その代わり「人間本来の幸せ倍増計画」になるような企画ができないものだろうか。

ちょっととっぴな話のようであるが、このエコ村に当初から参加するかしないかは別として、いずれは、すべての人がこのようなライフスタイルを実践するエコ村に、二十一世紀の日本の社会が変わることによって組み込まれていいかざるを得なくなるだろう。

エコ村の実現に向けて皆さんはどう思われますか。

四、持続可能な社会モデルづくりが始動

京都新聞への掲載は、いささかの反応が出て、挫折感が一気に吹き飛ぶ出来事が生まれました。それは、その年の六月に「エコ村」を実現するための動きが始まったことです。同年十一月には、滋賀県立大学の仁連孝昭《にれんたかあき》教授を中心に、関心のある産官学民の有志が結集し、持続可能な社会モデルづくりとしてのNPO法人エコ村ネットワーキングが設立されました。

エコ容器包装協会が頓挫した頃から、私は、少なくとも一九七〇年代のライフスタイルに近い生活に戻るべきではないかと考えるようになっていました。持続可能な社会モデルとしてのエコ村は、まさしく、私が目指したいと考える循環型社会そのものだと言えます。

ただし、私が考える循環型社会というのは、何も大昔の不自由な暮らしを強いるものではなく、ある程度、科学技術が発達している社会を想定しています。それはいったいどの時代なのかを考えていくと、いまからおおよそ四十年ぐらい前の一九七〇年代ではないかと思います。この時代の日本を考えてみると、国中がこぞって経済大国日本を目指していた時代でした。「所得倍増計画」「日本列島改造論」「内需拡大」と豊かさへの願望が国民の夢となり結集し、豊かな時代への幕開けの時代でした。とはいえ、当時の生活をふりかえると、浪費や使い捨てという生活習慣はなく、スーパーもまださきがけが開店した程度で、商店と客との絆で結ばれた売り手と買い手の一体感が存在していました。低価格に対する厳しい要求も人々はもっていなかったようでしたし、街には銭湯もあり、喫茶店も繁盛していました。隣組のようによく知った顔見知りからは、常識として隣近所に迷惑をかけない暮らし方を最低限の心がけとして教わったものです。

私たちは、この時代以降、三十年の歳月をかけて、大変な実験をしてきたのではないでしょうか。一九七〇年代の環境負荷であれば、今日ほど深刻ではないでしょうから、一度時計の針を戻して、ここからやり直すことも必要ではないかと思います。

科学技術の進歩には功罪が同居し、ひとの幸せに貢献した部分と、反面、災いになる部分とがあることを認識して、良識で選択すべき時が来ていると思います。決して、すべてを原始的な条件で暮らそうというものではありません。選択してライフスタイルを構築し直してはどうだろうかと思うのです。

ただ、今日の資本主義社会から脱却して、大きな混乱もなく新しい持続可能社会を迎えるためにはどのような経済学が用意されているかは、門外漢の私には、わかっていません。改革論や戦略は提起されつつあるものの、明らかな未来が見えないのが現状のようです。改革や革命を起こそうとする時、未来に理想を掲げず、夢も語らずでは人はついてきません。どうか早く、持続可能社会の経済論・経営論が世に問われることを期待したいものです。

五、意識を変えた生活者の暮らし方

二〇〇〇年当時の経済界では、環境ビジネスの必要性が言われ始め、環境ビジネスは廃棄物処理から原料を再生する「静脈産業」が主たる分野として考えられていました。あわせてモノが消費され、もしくは使用されている間の環境負荷の少ない製品開発に、各社が競って乗り出してきたのです。

太陽光発電や風力発電などの自然エネルギーを使った発電装置などが数多く発表され、またバイオマス発電も注目を集めるようになってきました。

また主に製造業においてＩＳＯ１４０００シリーズの取得が一挙に普及してきました。日常の業務を遂行する上で、環境負荷を削減するための評価機関ができ、ＩＳＯの認定を受けることが社会貢献の一つに数えられるようになったのでした。

また生活者が日常生活の中で、工夫をすることによって目標として詳細に決められた項目を自己点検して、エコライフという習慣を普及させる運動も登場してきました。

しかしこのような努力が社会全体を変えていくことになるのでしょうか。

根本的には、政治が変わり、行政が変わり、経済が変わらないことには体制が変わらず、大気汚染や資源涸渇、自然破壊、そして今日では最大の問題点である「地球温暖化」が止まるところまでは辿り着けないと思います。いずれ辿り着けるにしても、それでは遅すぎます。そのためには、一日も早く生活者の意識を変える必要があるのです。

生活者は同時に選挙民です。次世代の存続を考える未来型の、自然保護派の、良識派のあるいは倫理派の政治家を生み、その人たちが政党を作り、国を変えていくためには、「選挙民である生活者」の意識が変わらないと始まりません。

また、生活の中で浪費され、使い捨てにされている商品や、程度を超えた情報機器・家電製品・自動車、そしてプレハブ住宅までを含めた新製品の氾濫を止めないといけません。これができるのは、「消費者である生活者」なのです。

消費者がモノを大切にし、「一生もの」として長く使っていく。そしてモノが氾濫し混乱する生活から抜けだし、簡素で、古いものを大切にする清貧の暮らしに少しでも近づけたらどうでしょう。食品も自分の畑でとれた作物で自給自足を心掛け、少なくとも周辺地域で生産されたものを使う「地産地消」の買い物に代えるというような生活者（消費者）が大勢を占めれば、経済界も劇的に変わることでしょう。

ところが、環境に順応するライフスタイルをやってみようとしても、現在は資本主義社会であり、あらゆる側面がその体制に組み込まれています。したがって、試してみることさえ至難の技なのです。

自動車がないことには暮らせない現代社会です。近所の商店は廃業し、遠くの量販店まで出かけなければならないため、主婦も自動車が必要です。地方では会社勤めには自動車は欠かせませんし、老人のボランティアや、病院通いにも自家用車が必要です。したがって地方では一家に三台、四台の保有台数は常識となっています。

またテレビやゲームで育った世代が、世の大勢を占めてくると、新しいものに囲まれていないと周囲から馬鹿にされます。子どものゲームも友達の仲間入りするためには必需品なのです。一方、快適な雰囲気を作っている量販店で買い物をするのと、自家の畑で土にまみれて、汗を流して収穫するのとどちらがよいかとなると、量販店派が圧倒的に多いのではないでしょうか。いまや買い物が趣味、売場を歩くだけでも楽しいという人が多いのも現実です。

六、環境対応型ライフスタイルの実験としてのエコ村

環境対応型のライフスタイルを実験するにも、ある程度長期にわたって実現するためには、その志を持った仲間が集まり、一つのコミュニティをつくる必要があります。

ここでは、先進的な外部からの情報や、仲間の悩みや喜びや知恵がコミュニケートされ、その結果、自然に順応した生活環境を作り上げられ、また仲間が仲間を呼びそのコミュニティのネットワークが広がっていくことでしょう。そして

この広がりはやがては他の集落や、自治体にも拡大して、その暮らしが常識になり、そこで生まれた社会規範が、新しい時代の倫理・道徳となって大きな社会を形成していくでしょう。そんな夢を見ているのです。

「そのまず第一歩として、小さなコミュニティでも構わないので、『エコ村』という集落を作ってみたらどうだろう」と提言をしたのがきっかけとなり、多くの賛同者が集まりその努力と支援で、滋賀県中部の近江八幡市に「小舟木《こぶなき》エコ村」が建設されました。この運動母体は「NPO法人エコ村ネットワーキング」であり、エコ村というコミュニティを形成するに当たり「エコ村憲章」が作られました。

エコ村憲章

- 生命あるものに感動し、愛情を持つ、生命倫理を育む
- 未来への希望を育むことを最高の喜びとする
- 地域にあるものを、最大限に生かす文化を育てる
- 環境を傷つけず、健康な環境からの恵みを大切にする

・個を尊重するとともに、互いに支えあう関係を強くする
・人々に喜びを分かち合う仕事を育てる
・責任ある個人によって担われる、活力あるコミュニティをつくる
（二〇〇二年ＮＰＯ法人エコ村ネットワーキング策定）

そして、小舟木エコ村は、二〇〇七年四月二十四日に起工式が行われました。しかしながら高い志でスタートしたものの、その後は予想外の大きな難問への遭遇の連続でした。それでも、新しい試みに果敢に挑戦し続けてきました。結果的には住宅メーカーとの共同で分譲することとなりましたが、事業会社の株式会社地球の芽が、ＮＰＯ法人の理念を実現するべく精力的に事業活動を展開したことで、二〇一四年一月現在で三百四十七所帯が入居し、実験的なエコライフが始まっています。

エコ村の活動は湖北地方でも新たな展開が始まり、山間地に田畑を作り、木材を切り出し、自らも大工仕事を覚え、炭焼きもし、薪ストーブを使い、自給自足

を中心にして暮らそうという若者たちが出てきました。

中山間地域のエコ村復活は、自立型の集落でなければなりません。生活物資も大型量販店が進出してくる可能性もありません。その代わり「自然がある」「自給自足の可能性は充分ある」ということに目をつけ、農業と建築仕事を中心にした「百姓仕事」を復活しようという人たちなのです。

三年間で大工職人としての技術と田んぼを作る技術をマスターし、卒業試験は自分が棟梁となって自宅を建てることだといいます。それがこれからスタートする「大工職人大学」であり、卒業生が定住する「どっぽ村」も続いています。

第四章　生活者の意識改革を目的として循環型社会システム研究所を開設

一、持続可能社会を創出する

ＮＰＯ法人エコ村ネットワーキングが設立された翌年の二〇〇一年に、生活者の意識改革をめざして、社内に「循環型社会システム研究所」を開設しました。

循環型社会システムとは、「循環・共生・抑制」というキーワードからなる人々の「暮らし方」が根本にあります。多くの研究者たちが、疲弊した現在の社会システムを転換するために循環型社会への移行の必要性を、近年とみに声高に発信し続けてきているのです。私は研究者ではありませんが、こうした提言には大きな関心を持ち、大いに賛同しています。今のような社会システムでこのまま突き進んでいくことは、人類にとっても地球にとっても決していい方向に進むとは思えないからです。

「生は死を目指す」という言葉をご存知でしょうか。すべての存在は自己矛盾を持っていますが、その端的な一例がこの言葉です。一人の一生はわずかに百年足らず、人はその間を精一杯生きようとします。けれども生きていくことは死を目指して一直線に突き進むことだというのです。だれもが、その短い一生に自分の目標や夢をなんとか実現したいと目指します。企業で言えば自分が関わっている間、自分が責任と権限を持っている間に利益を上げよう、そして評価を得ようとすることと同じなのです。

しかし個々の思想や行動とは別に、全体ではどうでしょうか。個々の命は限界があっても全体の人間の命は脈々と生き続けています。企業群は特定の経営者が死んだ後でも、立派に存在し続けているではありませんか。つまり循環しているのです。

言葉を換えて言うと、循環とは古いものが年老いて死んでいくことによって成り立つと言えましょう。若い命が成長するのも、やがて同じことを繰り返していくためなのです。

経済社会では欲望の抑制が効かず、短い間に多くのものを求めすぎてきました。未来永劫にこの世が循環しつつ存在しつづけることを忘れて資源を消費しつくし、環境を破壊し、生態系をつぶしてきているのです。

われわれは決してあせってはいけません。今すでに経済は過剰な状態にあるのですが、それにもかかわらず「当期の利益」の拡大を目指し、消費や廃棄の拡大にばかり走ってはいけません。われわれの子孫や、今生きとし生けるものの未来を奪ってしまうなどということはもってのほかです。このきわめて簡単でわかりやすい論理を経済人も、政治家も、教育者も、生活者もなぜ理解できないのでしょうか。

循環型社会の定義の第一は「循環」の意味を理解することから始まると思います。

社内に設立した循環型社会システム研究所の事業の主眼には、持続可能社会を目指した環境倫理・共生倫理の啓発が含まれています。したがって環境対策をはじめとして、資源の枯渇を防ぐことなど、自然との共生社会を守っていく強い意識を、持ち続けなければなりません。そのために「もったいない（循環）・おかげさま（共生）・ほどほどに（抑制）」の頭文字をとった「M・O・H倫理」の普及活動（つい最近まで社会倫理として常識化していましたが）を企業のCSRの一環として始めました。その主たるものは季刊誌「M・O・H通信」の発刊です（毎号六千部発行）。内容については「M・O・H通信」をご覧ください。お申し込みをいただければお送りします。

■「M・O・H通信」編集局
滋賀県長浜市川道町七五九―三
新江州㈱内　循環型社会システム研究所
TEL：〇七四九―七二―五二七七
FAX：〇七四九―七二―八六八一
メール：tsujimura@shingoshu.co.jp

二、倒れた時、人生の目標に気付いた「M・O・H」

私は二〇〇三年、突然、脳梗塞で入院したことを契機に、実質的に経営の第一線を退き、会長になりました。後任には草野勉が社長に就任し、「人を大切にする」を経営理念に掲げ、「自立」を合言葉に経営を進めています。

二十世紀後半のわが国の経済は、戦後の貧困から豊かな社会を目指し、一筋に経済成長を遂げてきました。わが社も世間の片隅ではあったものの、この時代の流れにそってそれなりの成長をしてきました。

その間、経済、言葉を換えると金儲けが大きな目標であったことは否めません。もちろんわが社のみならず、社会全般がそうでした。経済成長とは企業が利益をあげることであり、社会資本が充実することです。そのために、人が犠牲になることがなかったと言えばうそになります。しかし、新しい時代は「人を大切」にし、人の幸せを実現する社会でなければならないのです。そのために、経済がある程度抑制されることも受け入れざるを得ないでしょう。

脳梗塞で倒れたことはまさに、青天の霹靂《へきれき》でした。ある意味で生死の境をさまよったような時もありましたが、その時、自分の人生について考える機会を得ました。

私自身、思えば学校を出てから丁稚奉公で商いを学び、その後、社会の変化の中で無我夢中で走り続けてきました。この時の発病は、私の人生の締めくくりに何を成すべきかを考える時間を与えていただいたのだと思っています。

私が実業の中で身を置いていた時代、つまり経済至上主義であった社会では「消費は最大の美徳である」と謳ってきました。その結果、私たちは豊かになりました。そしてモノによる恩恵は充分に享受してきました。ところが、その半面、自己の思いの中の精神性が希薄になり、本当にこれで悔いはなかったのかと、反省しています。

「人生の目標をどこに置こうとしてきたのか」と考え込んでしまったのです。これではいけない、私にまだできること、少しかっこよく言えば〝志〟を満たすために、今後の人生を生きるべきだと思いました。そして、生活者の意識改革

郵　便　は　が　き

お手数ながら切手をお貼り下さい

5 2 2-0 0 0 4

滋賀県彦根市鳥居本町655-1

サンライズ出版　行

〒

■ご住所

■お名前《ふりがな》　■年齢　　歳　男・女

■お電話　■ご職業

■自費出版資料を　希望する・希望しない

■図書目録の送付を　希望する・希望しない

サンライズ出版では、お客様のご了解を得た上で、ご記入いただいた個人情報を、今後の出版企画の参考にさせていただくとともに、愛読者名簿に登録させていただいております。名簿は、当社の刊行物、企画、催しなどのご案内のために利用し、その他の目的では一切利用いたしません（上記業務の一部を外部に委託する場合があります）。

【個人情報の取り扱いおよび開示等に関するお問い合わせ先】
サンライズ出版 編集部　TEL.0749-22-0627

■愛読者名簿に登録してよろしいですか。　□はい　□いいえ

ご記入がないものは「いいえ」として扱わせていただきます。

愛読者カード

ご購読ありがとうございました。今後の出版企画の参考にさせていただきますので、ぜひご意見をお聞かせください。なお、お答えいただきましたデータは出版企画の資料以外には使用いたしません。

●書名

●お買い求めの書店名（所在地）

●本書をお求めになった動機に○印をお付けください。

1．書店でみて　2．広告をみて（新聞・雑誌名　　　　　　）

3．書評をみて（新聞・雑誌名　　　　　　）

4．新刊案内をみて　5．当社ホームページをみて

6．その他（　　　　　　）

●本書についてのご意見・ご感想

購入申込書　小社へ直接ご注文の際ご利用ください。
お買上 2,000 円以上は送料無料です。

書名　（　　冊）

書名　（　　冊）

書名　（　　冊）

のようなものができないかと模索を始め、あれこれ考えた結果、持続可能社会を目指す、意識改革の核となるべき「社会倫理」の普及活動を積極的に始めようと思い立ったのです。

環境（共生社会）の哲学ともいえる基本的な考え方は、「循環・共生・抑制」とまとめられています。私たちが進めようとしているのは、「循環・共生・抑制」をわかりやすくひもとき平易な言葉に直した「もったいない（M）・おかげさま（O）・ほどほどに（H）」の普及活動です。そのために、「M・O・H通信」を発刊しました。いずれこの運動のネットワークを作りその精神を波及するために「M・O・Hの会」を設立したいと考えています。

M・O・Hの会の発足にあたっての考え方を次に記します。

「M・O・Hの会」発足にあたり

二十世紀型社会は経済至上主義の時代であった。科学技術の進歩とそれに伴う工業や流通の発展は、世界的なスケールで人々に物による恩恵をもたらしたが、同時にバランスのとれた自然との共生社会を破壊した。経済至上主義とは物の豊かさを最高の幸せとして捉え、その対極にあるものの価値をほとんど消し去ろうとするものである。人々の価値観を情報操作で画一化して、特定のものに集中させようとするマーケット戦略は個人の人生観、社会観にまで侵入し、その独自性、不可侵性まで奪って行った。このことによって人々は哲学的な意味の自己をなくしてしまった。

今こそ新しい時代として循環型社会を作ろうとしているわれわれは、自己を証明する、こころとか思いを取り戻さなければならない。死生観とか人生観、先祖とか子孫、生涯をかける志、自己を自己らしく生き抜くための人生哲学など。そしてそれは自然との共生社会を目指すものであり、人としての真の生き様を問うものであらねばならない。

この実現のために

「循環型社会を目指す～MOHの会～」を設立する。

三、循環（もったいない）・共生（おかげさま）・抑制（ほどほどに）の原点に帰る

「もったいない」の気持ち

一昔前までは、外国産の物のほうが国産より高価であったのですが、現在は発展途上国と言われた国々の経済成長が著しく、人件費が高い国産品より、輸入品の方が安価なものがかなりの数あります。価格の安さだけで、輸入品を買う人が多いのもまた事実です。ところが、国産品やあるいは地産地消で地元のものを買えば、輸送費にかかる資源の無駄がかなり省けるのではないでしょうか。仮にグローバル商品よりコストが高くても、その価格の意味するところを納得する消費者の意識改革があれば、結果として国内の産業を育てることができるはずです。

その消費者の意識こそが日本の経済を救い、逆に破滅もさせるのです。奥さんたちがグローバルな安物買いに狂奔している間に、地域産業が衰退し、旦那の働いている地域の会社のボーナスが出なくなり、息子の就職ができなくなるという悪循環が生じるのです。

一方で、衝動買いも含め、安いものを購入しても、消耗品にしてしまって、どんどん捨ててしまえば、家計の上からは決して得策にはならないはずです。自動車は十五年から二十年乗っても充分耐え得るものですが、メーカーの新車の宣伝に乗せられて四、五年で乗り換えてしまうのが現状です。もっとも個人の買い物として高額な住宅ですら、三十年ぐらいで新築するという耐久消費財的な感覚になっています。木造建築であれば百年や二百年は耐久する性能はあるはずです。しかし、ハウスメーカーは二十年ほど経つと買い換え用の新しいチラシを送りつけてきます。今では自動車も住宅もまさしく、消耗品化してしまっているのです。

よく言われることですが、「樹齢百年の木を切って家を建てたら百年は住まないといけない」それが自然の「循環」に沿った生き方であるのです。それを無視して新しい機能やデザインに魅かれて買い替えてしまうようなことはまさに「もったいない」ことなのです。

「おかげさま」の思想

長年続いてきた日本の中小企業では、雇用関係は終身雇用が普通でした。親父さん（社長）に雇用されて生涯を過ごすとなると、まさに親子関係が生じます。「社長」でなく「親父さん」であり先輩・後輩の関係は兄弟同様であります。

儲からないときは親父さんが、涙をこぼして、

「せっかく皆ががんばってくれたのに、赤字でボーナスも払えない。我慢してくれ。今後こんなことのないように、みんなでなんとかがんばっていこう」

「親父さんわかってますよ。みんなが働いて駄目だったんだから、親父さん一人の責任じゃないですよ。な、みんな、がんばっていこう」と逆に励まされたりしたものです。そして親父さんも少しぐらい苦しくても従業員を解雇することは滅多にありませんでした。多少、間に合わない従業員も、それ相当の仕事を見つけて雇用を守ってきました。経費の削減はまず親父さんの報酬を減すことや、社内の質素倹約から始めたものです。

その背景はなんだったのでしょう。私は「おかげさま」の思想だったと思います。

「自分が今日あるのは、おかげさまなのだ。会社、従業員、お得意先、仕入れ先、家族、同業者、自然の恵み、数え切れないさまざまのおかげさまなのだ」だから不平不満を言わず、争わず、仕事に精を出してきたのです。

よく競争のないところに努力のきっかけがない。同僚、先輩、上司、同業者、取引先あらゆる相手と競争をして打ち勝つことを目標に努力すること、それが自然の姿だなどと言われてきました。競争とは相手を負かすことです。自分が勝者になって敗者を支配する。敗者になることは耐えられないから、がんばるのだというのが「競争の倫理」なのでしょう。

この考え方に対するのが「共生の倫理」です。生物多様性の危機も言われていますが、人間が地球上に勝者として君臨し、自然の循環の法則を無視して収奪を続けていけば、膨大な生物の数も、見る見るうちになくなっていきます。これは、生物の多様性ばかりでなく、人間社会における「多様性」も同様であります。経済界においては巨大企業が出現し成長していくことで、数多くの中小企業が存在できなくなり、やがてその世界の寡占化が進み、独裁的な存在になっていきます。

これを防ぐのは、「共生」の考え方、在り方です。自己の自由とか生存権をすべて犠牲にして「共生社会」に奉仕するというのではありません。個人の自由、権利の一部を社会のために、「利己から利他」に譲るのであり、満員の電車の中で、譲り合う心を持つのが共生社会の原点です。

繰り返すようですが、経済至上主義が当然の社会常識になるまでは、まだ「おかげさま」の倫理がありました。それを十分心得て行動する人を、人格者として尊敬してきました。企業を経営するものは指導者として役割を果たすわけですから、道徳、倫理を第一段階として体得したいものです。

「おかげさま」を現実化する「ほどほどに」

そしてこの「おかげさま」思想を現実化するのが、「欲望の抑制」すなわち「ほどほどに」という考え方です。

人にとって目標の達成を目指して努力を続けることは、その人の人生に生き甲斐を与える大切なことです。精進努力をしてその目標を達成し一応の欲望が満たされたときは、充実した達成感があるでしょう。しかし現代では一般的に、「これくらいのことで満足をしていてはいけない。もっと大きな夢、さらなる目標を持ってがんばらなければならない」

そんな思いをもつことが、美徳とされているのではないでしょうか。

問題はそのがんばり方です。この場合の第一の欲望は、まずは最低の、自分が生きていくための手段としての欲望であり、仮に「おかげさま」をこうむっている環境から収奪して達成したとしても許されるでしょう。しかし、さらなる欲望を目指すときは、自らの快楽のためであったり、「おかげさま」を無視して、周辺を支配する欲望であってはいけない。それは必ず他の生物や人間の犠牲の上に成り立っていることを忘れてはならないのです。

共生の倫理を議論する時、共生は競争の原理を否定するもので、結果として当人の無力化はもとより、所属する集団や企業、ひいては国家の競争力を弱め、その存在価値を劣化させるものだ、という説がよく出てきます。個人的な自己犠牲は認めるとしても、多くの人を巻き込んで、その集団が敗者になり、犠牲にすることはいけないと言うのです。それも一理はあります。ここでは自然界との共生を言っているのではなく、人間社会の、特に経済界の考え方の一つを提案をしているからと言うべきでしょう。

大企業は常に生きるか死ぬかの競争の只中にいます。敗者になれば、勝者の支配下に組み込まれ、生活権を奪われることもあります。しかし、中小企業は小規模な企業が数多く地域に根ざし、中小企業の特徴である顔の見える位置で供給者と消費者（売り手と買い手）が一体となって地域を構成している存在であることを忘れてはいけません。

量販店が価格競争のみを目指し、全く作り手のわからない商品を、大量消費の担い手として育てた不特定多数の消費者に供給する、といった自分勝手なビジネスと混同してはいけません。

一人ひとりの消費者の顔を見て、その人の求めているものを供給することを使命とするこの共生社会経済では、お互いに相手を必要として、助け合っていかなければならないのです。共生社会の倫理は「欲望の抑制」であり、つまり「ほどほどに」我慢をすることが求められています。

それが幸福につながる、たった一本の道ではないでしょうか。


この先、持続可能社会の原点として、循環型社会形成が現実のものとして動き出したとしても、さまざまな立場で社会を形成している一人、あるいは生活者の一人として、われわれ自身が「循環型社会」を目指して、しっかりと「意識の改革」を行わないと決して実現はしません。そのためには、目指す「循環型社会」に対する目的なり方向なりが明確に示されていることが必要となってきます。

では循環型社会とは何なのか、どんな条件を具備した社会を言うのでしょうか。このことについて詳しく本書で記すと到底紙幅がたりませんので、既刊『循環型社会入門』（二〇〇五年、新風舎）、『中小企業にしかできない持続可能社会の企業経営』（二〇〇八年、サンライズ出版）をご参照ください。先を急ぐことにしましょう。

第二部

中小企業が歩むべき道
自己矛盾と向き合いつつ将来を思う

第一章　次世代にどう継承していくか

一、衰退する道徳観

現代の家族関係の崩壊は、特に「縦の家族関係」を完全に葬ってしまいました。先祖から受け継いできた計り知れない恩恵、それを子孫につないでいく責任感などが薄くなっています。先祖どころか現在、生きている家族も見捨ててしまう時代です。家族の手による虐待から殺人。老親から年金だけを取り上げて見捨てる息子たち。そのうちに「親孝行」が死語になりはしないか心配になります。

もちろん事件になって報道されるのは一部でしょうが、家族がばらばらになり、肉親を施設などに預けっ放しにして、子育てや親の面倒を見る義務を放棄しているといった事例は、しばしば見聞します。現代社会では、道徳がすでになくなっているのです。

この原因はどこにあるのでしょうか。由々しい問題だけに一日も早く原因を究明して対策を打ち出さなくてはならないと痛感します。

道徳の衰退の一つに、人間関係が希薄になっていることも挙げられます。私の育った農家の多い集落の家並みは、家の前面の座敷の部分だけが塀で塞《ふさ》がれていて、「出の口」と呼ぶ縁側は、往来に向かって開放されていました。老人たちはその縁側に座り込み、道行く人たちに声をかけ会話を楽しんでいたのです。ここには、毎日集落の多くの住民と顔を合わせ、情報を交換し集落内の出来事ならなんでも伝わるというコミュニティがあり、老人の孤独死などはあり得なかったのです。

井戸端会議でも同じ事です。人が集まれば噂話に花が咲き、集落内の出来事が筒抜けになっていました。それだけに、恥ずかしいことをして人の噂話にならないように、やかましく親から言われていたものです。道徳に外れたことをすると、

「お天道《てんとう》さまが見てはる」

「世間に顔向けができん」

「家名に傷が付く」

「家の恥や」

――などという言葉で注意を促されました。つまり、世間に顔向けができないようなことは、絶対にしてはならない。ご先祖の顔に泥を塗るようなことをしてはならない。盗みをしてはいけないのは当然として、嘘をつくこと、親不孝をすること、ふしだらなことをすること、警察沙汰になること――そのようにご先祖から引き継いだ家系に傷をつけるようなことをしてはならない。それらを家庭で幼少のころから厳しく諭されていたのです。


今日では、このような生活習慣は面倒で、プライバシーの侵害であるという個人の権利の主張が日常的になり、家々の開放されていた縁側は、外塀で閉ざされ、老人の縁側会談や主婦の井戸端会議もなくなり、家族が世間から隔離されてしまっています。その分、個人の自由が確保されたのですが、その結果、子どもに対する躾《しつけ》の機会が少なくなり、道徳心を持たない子どもたちがそのまま社会人になるケースが増えていきました。

さらに、最近の情報機器の発達もそれに拍車をかけています。一家に一台のラジオを家族で聴いていた頃はまだ家族の共通認識がありました。それがテレビになって、初期は一台のテレビの前に家族が釘付けになっていたのですが、やがて各人が別々に視聴し、さらに様々な情報機器に拘束され、共通の問題意識が家庭から失われて、家族全員が自閉症になって孤立してしまったようになりました。

では、このような社会の風潮の中にあって、企業を次代に承継していく必要があるのでしょうか。

二、次世代に進ませたい自分が築いてきた道

先祖から受け継いだ過去の価値観が大きく変わり、土地建物の価値も農山村の地方では、極めて評価が低く、その先祖からの財産を生かそうという意識も努力

も喪失してきています。

その中にあって家業はどれほどの価値を持っているでしょうか。

後継者が先祖（少なくとも親）の培ってきた技術や、信用、企業の資産価値をどう見るかにかかっています。後継者が家業とは別の価値観を持って、人生の目標を立てそれに専心努力していくのであれば、家業を手放すことも立派な選択肢の一つです。

しかし、親の立場からすると、創業した企業をなんとか継承の対象とするところまで苦心惨憺《さんたん》して作り上げてきたので、引き継いでほしいという思いは、単なる感傷だけではありません。とくに息子が全く異なった分野や、他の世界で生きようというのであれば、なかなか納得できないでしょう。

「息子に苦労をさせたくないが、自分が築いてきた道に進ませたい」——と思うのは、親心であり、親心がそうであるだけに事業継承は親孝行の一つであると解釈することもできます。

また、すでに長期にわたる継承を果たしてきた老舗《しにせ》の場合は、その何倍かの重圧がかかります。数百年の歴史を刻む企業も存在します。老舗の中には後継者である息子が継承を拒んだ場合は、それに代わる人を「養子縁組」して後継者としたところもあります。

いずれにしても後継者が相当の決意をして存在する場合、その後継者に対して、経営者としての自覚と能力、人徳の熟成を図らなければなりません。俗にいう帝王学です。今は後継者の育成を謳ったコンサルタントも数多く存在します。短期間、後継者を集め「後継者育成講座」を開設しています。そして、カリキュラムに従って講師たちから論理的思考でハウツーを学ぶのです。確かにその間、受講者間で交流も生まれ、互いに情報の交換や、人としての生き方等について影響しあうこともあるでしょう。しかしその講座の期間は長くても一、二週間のことです。多少の効果はあるとしても、その間でリーダーとしての人徳や能力が十分に培われるものではありません。

幼少時の体験や、下積みの苦労、世渡りの術を学ぼうとするとき、ハウツーで対処法を理解するのではなく、身体の中から、脳髄の奥から滲《にじ》み出でくる人生観や価値観、経営思想が積まれていなければ、真の経営者として事業を牽引することは困難になることでしょう。

三、利他と利己の是非論

「善」を知るためには「悪」も知る必要があるといわれます。よく正義とは何かについて議論される時に、「殺人」は絶対的な「悪」なのか、という話がありま す。

「一人の殺人者が五人を殺そうとしている。その一人を殺すことは善か悪か」というものです。戦争の正義論もあり、その状況の真相と、個人の倫理観の判断でいえることでしょう。商売の世界でも、「利他と利己」の是非論があります。

現在の経済合理主義では、他者を利する行為「利他」はほとんどないに等しいのかも知れませんが、その反省も込めて「利他」の精神も、中小企業の商いの世界では、絶対に必要なことです。しかし「利他」だけでは自己が生きられないのは言うまでもありません。

弁証法ではありませんが、すべては自己矛盾によって改革され、成長と消滅の循環を繰り返すのが、この世の有限なるものすべてなのです。

行動を起こす判断基準は、自己に内蔵する矛盾と主体との間を移動する倫理感によって決められます。その倫理感は価値観や人生観、人生哲学によって決まるので、しっかりとした人生哲学を持ちたいものです。そして、後世につないでいくことが肝心なことなのです。

四、時代が変わっても生き抜く企業集団「３００年経営塾」

第一部で述べたように、私は高校を卒業するとすぐに滋賀県から東京の日本橋に丁稚奉公に行きました。近江商人の繊維問屋に住み込み、勤務時間に関係なく、早朝の掃除から食事の支度に後片付け、荷造り荷解き、自転車の配達、なかなかできなかった東京弁の威勢の良い掛け声、先輩女中の下働き、未経験の私にはそれなりの苦労があったものです。

「先んずれば人を制す」ということで、早起き、掃除、食事、トイレなど、素早くできないとずいぶん叱られました。さらに私たちの先輩は軍隊の経験があり、今では考えられないぐらいに殴られ、苦労を体験しました。当時のこと、こうした体験は私だけに限ったことではありません。

「苦労を体で覚えてこい」

ということで女性なら女中奉公を経験して、いわゆる世渡りの術を覚えたものです。

これは教室で講義を聞いても覚えられることではありません。人生の大半を占める、「世間との付き合い」「人との付き合い」の最も基本になることなのです。人の心は心理学どおり動くばかりではありません。その人の過去の経験や置かれた立場、境遇によって、理屈では考えられない行動をとることもあります。その心の動きを読み取り察知して対応する、それも「世渡り」の大切な部分だと思います。

科学技術はずいぶん進歩しました。とくに経済の発展とともに、ビジネスの対象としての研究開発が進み、日常生活に大きく貢献していることも事実です。しかし、科学技術の根本をなす論理性が、この世の中のすべてを言い当てているかといえば決してそうではありません。

人間が生きていく上で、大きな救い、励みとなっている、宗教や文化芸術、自然など、科学技術が及ばない広い世界があるはずです。特別な教育を受けなくても美しい自然に癒され、芸術に感動し、悩み苦悩を宗教によって救われます。これは体験して初めて知ることができる世界なのです。

ところが世の中が豊かになり平穏無事な環境に育つと、若いころに苦労の経験をする機会がなくなり、その結果ひ弱な人間が多くなり、ひ弱な社会になってしまう恐れがでてきます。

最近の状況を見回すと、日本人がグローバルに活動をするとき、「人柄はいいが騙されやすい、競争に勝てない」などと評価されるケースが見受けられます。

今、私が最も危惧するのは、世のリーダーたちが二世、三世の坊ちゃんで占められてくると、はたして従来の日本人の強さを維持できるかどうかということです。

企業経営者は、常に孤独です。そして悩める経営者にとってはその孤独感がより深刻なものに違いありません。経験豊富な経営者であっても孤独感に落ちていくのですから、若い経営者にとっては、経験が少ないだけ自信が持てない場合も少なくはありません。その人たちが経済団体に期待しているのは、宗教の聴講と同じで、救いを求めて集まる場所であってほしいのでしょう。もちろん信用に関わる悩みごとなどは公にできませんが、それとなく他企業の経営者の顔を見ていると安心するのではないでしょうか。経営支援の補助金の情報やビジネスのマッチング情報もほしいが、そういう精神的な支えになる情報交換、あるいは、自身悩み抜いてたどり着いた人生哲学などを、語り合って試してみたい思いもあるでしょう。

既存の商工会議所青年部や青年会議所とは異なった、自らの悩みを共有でき、会合を重ねることによって、安心を得つつも、自身成長していける団体を作りたいと考えました。こうした組織は、一方で、わが社の経営を後継者に引き継ぐときの支えにもしたいという思いもありました。そして、地元で活躍する若い経営者仲間と語り合い「300年経営塾」を二〇〇八年に開始したのです。その思いが実現する団体として成長することを願うばかりです。

繰り返すようですが、事業の継承は中小企業にとって大きな事業であり、しかも、時期が来れば避けては通れない道です。自身が高齢になり、息子たちに引き継ごうとする人や、親からの引き継ぎを始めている人、将来、引き継ぐための準備に取り掛かっている人。あるいは時代の変化に対応するために継承の機会に事業の転換を図ろうとしている人などなど、それぞれに悩みを抱えつつ、二ヶ月に一度集まり、議論を交わし、酒を酌み交わし、語り合う。ゲストにコンサルタントや大学教授、人望のある経営者など(経験豊富なOBも多い)を招くこともあります。

中小企業が大企業に決して負けない戦略は、この一点にかかっています。家族のような固定客と、従業員に囲まれていること、そして、顧客と常に真正面から向き合い、真の要望、期待に応えようとする絆が、相互にしっかりと構築されていることです。そのことが実行に移せるよう対策を講じてこそ事業が継承されます。

■「300年経営塾」事務局
滋賀県長浜市田村町一二八一―八
社団法人バイオビジネス創出研究会内
TEL：〇七四九―六五―八八〇八
FAX：〇七四九―六五―八八五八

第二章　商いは絆から生まれる

一、信用のないところに絆は生まれない

商売は気の合う絆で結ばれた相手と自己との間で、「利他と利己」の境を切り分ける倫理の位置づけが大切です。それが「共生社会経済」の重要な根底をなすものだと思います。

たとえ店頭でモノを売るビジネスでも顧客との間には心の通い合う応答が必要です。

小売商や喫茶店のようなサービス業でも、なじみの客は「おやじさん」や「おかみさん」に会うのを楽しみにやってきます。あいにく二人とも留守で店員が応

対した場合でも、客は帰り際に、

「おやじさんによろしく言うといてや」

とことづけて帰っていくのです。

薬剤師しかり、掛かりつけの町医者しかり、薬の売上よりも、客の困っていることをどう解決するのかということに一生懸命になってくれます。信頼して安心できる人や店、会社を客は求めているのです。それが供給者と消費者の関係であり、そのささやかな経済の環境を創るのがコミュニティなのです。

しかし、今の小売業の業態は様変わりしてしまいました。量販店の過激な競争はコストダウンに留まらず、巨大店舗はまさに遊園地でありイベント会場であり、ゲームコーナーや映画館、喫茶、食堂、なんでもあり、まさに家族全員の癒しの場になっています。休みの日には家中がその巨大マーケットに行き、家族それぞれが違う目的を持っていて、夕方に集合して一緒に帰っていきます。しかも買い物は、その気にさせる見事な店舗設計と、店員の応対に乗せられて余分なものまで大量に抱え込んでしまっています。

しかし、そこでは人の絆は全く無視されているのです。しっかり教育された店員がいても、それは研究され尽くしたマーケティング手法の一つであって、顧客を囲い込むこの設備全体の設計や店舗、商品の優れたデザインなどの一環であると解釈するしかありません。しかし本来、買い物をする客はその時に必要としているもの以外は、なるべく支出は抑えたいはずです。

私は生涯を通じて、包装資材の販売をしてきました。主に工業包装といわれる分野です。工場間の輸送が目的の段ボールケースやプラスチック成形品、他にはテープやバンド、ポリエチレンなどを扱っています。ユーザーを対象にした地方の販売店だったので、長い取引の中で、少しでもお客さまの期待に応えようと、「何かお困りのことがありましたら、できることならお手伝いをさせていただきますので、なんなりとおっしゃってください」

と申し上げると、実に多数のお客さまが、

「いやあ、経費節減と廃棄物削減で相手先から包装資材を減らせって言われて困っているんだ。包装資材の削減は以前からやってきているので、もう減らす余地はないと思うけど、専門家の立場から見て減らす提案をしてくれないか」

という相談が持ち込まれました。

わが社の営業マンは売上を増やすことに必死で取り組んでいるのに、お客さまはなんとかその包装資材を減らし、コストを下げ、廃棄物の削減をしたいと望んでおられるのです。でも、この矛盾は当たり前のことなのです。

私たちにとっても、工業包装の資材を取り扱っている以上、その削減提案は重要なサービス行為です。したがって、この時のお客さまからの要求に応じて、社内で厳しい輸送テストなどを何度となく繰り返し、その結果、包装資材を含む輸送コストを、数十％削減に成功させたことがありました。

ところが、社内では、「少しでも売上を上げようとしている時に、そんな馬鹿な提案はないだろう」と、輸送テストの結果を提案することに反対意見があったのですが、とにかく、先方の要求にかなう提案をしたのでした。それは予想を超えて大変な好評を得ました。そのお客さまのところでは、担当部署が工場長表彰を受け、さらにはまだ受注していない他の部門からも受注できるように指示をいただいたりして、トータルでは売上が拡大したのでした。

顧客が求めているモノ（コト）はなにか。それに応えるにはどうすれば良いか。それが商売の原点です。信用はそこから生まれ、その信用が絆を生むのです。

二、企業の継承は絆の継承

中小企業の経営者にとって会社は命をかけて創った自分の作品です。少なくとも創業者にとってはその思いが非常に強いものです。

また中小企業の経営者の主たる資金は自己負担です。銀行に借金をしても、個人保証や自分の財産を担保に提供しなければなりません。また親戚や友人知人に投資を頼むにしても経営者の人間性、信用力に重きを置き、事業の可能性については経営者の目を通して見たものを信頼してもらう以外に方法はありません。

また従業員の確保は、若手の新卒を対象に求人しても希望者は集まりません。

家業からのスタートということであれば、細君に家計簿の延長線上で会計を任せ、息子たちをはじめ、家族全員に仕事を手伝わせるところから始まります。ちょうど三世代同居時代の農家の姿と同様です。農家の仕事は老人向け、子ども向け、女性向けの仕事がそれぞれにあり、子育て最中の若いお母さんも乳飲み子を抱えながら忙しく働いてきました。この時代の母親にとって、多忙な労働時間の中にあって、授乳や子育てのときこそが体を休めるときであり、癒しの時であったと言います。そこには核家族で母親が育児に悩み子どもを虐待する現代と全く違った倫理観や道徳があったのでした。

家族全員で働く家業にあっては、社長も社員もありません。家族ぐるみで作り上げた製品は家族全員のものであり、製品が無事売れて利益が出れば、家族みんなで御馳走を食べて喜んだことでしょう。

そのようにして創業された零細企業が、社会に出て顧客を開拓し、さらに顧客から得た情報などをもとにして、また自らの研究開発を重ねて商品価値を高め、五年十年の苦節を重ね企業を成り立たせていくのに、まさに自分の生涯を掛けた戦いがあるのです。

言うまでもなく零細企業が自らの存在感をアピールしていくのはクチコミしかありません。顧客に喜んでいただける商品を提供し、顧客が本心から満足して初めてクチコミによる広がりが生まれてくるのです。

「この商品は良かった！　使って初めてわかったけど、他のメーカーの商品よりこっちのほうがずっと良い。私はこれをお薦めしますよ」

客のほめ言葉がクチコミで大勢の人に伝わっていくには、数年間の歳月がかかるでしょう。その間に単品でなく、いくつかの商品の品ぞろえや、販売店対策などの戦略も必要です。生産・管理・営業などの体制、事務所や工場などもささやかながらでもそろえなければならないことです。また、人脈づくりや情報収集のためにも、地域の経済団体の活動に参加して、社会貢献の活動にも加わっていくことになるでしょう。

このような経過を経て顧客の評価が定着し、品質管理や顧客第一主義など経営理念に謳う内容や、その企業の他の顧客の情報などによって次第に信用が形成されていくのです。

しかし企業の規模が拡大し、多方面に商品が供給されるようになっても、中小企業の間は経営者に対する信用の期待度は変わりません。どこかでクレームの処理に苦情が出たり、何かの事件に関係したりするようなことがあると、経営者が表に立たざるを得ず、そのときの言動一つが企業の致命傷になってしまいます。通常の取引においては経営理念に掲げた理念が、きちんと実行されているかどうかが、非常に重要な意味を持っています。特に社長の行動や言動が理念に合致せず、反道徳的な行為に走ってしまうと、麗々《れいれい》しく掲げた理念など何の価値もありません。まず経営者自らが襟《えり》を正し自分の行動を、理念に掲げた内容で貫き通せるのかが第一の関門となります。

第三章　共生社会に欠かせない中小企業

一、「共生社会」と「中小企業道」

皆が幸せに生きる共生社会とはどんな社会を指すのでしょう。人類が天敵をなくし、自らの生存に適した環境を構築しつつ、既にかなりの歴史を刻んできています。そしてこの人類の生存の条件を満たせる社会を、これから先どれだけの期間、持続していけるでしょうか。どれほどすばらしい環境であっても、持続可能なものでなければ意味がありません。少なくとも、現代のこの経済第一主義社会は永遠には続かないと思います。

資源の枯渇問題（特にエネルギー問題）や環境問題、過剰人口によってもたらされる自然破壊、食糧不足、水不足、生き残りをかけた戦争など、人類の持続に危険信号がいくつも示されています。これらの諸課題に解決の方途を見出し、世界の大多数の人類がそれを認識し、生き方を変え、革命的転換を実現することによってのみ「持続可能社会」に近づくことができるのです。

今、国際的にもこれらの課題の一部を変換しようとする活動が始まっています。しかし国際間の課題解決となると、先進国と開発途上国との利害関係などが表面化してなかなか進展しません。しかし地球規模の課題ですから国際的に解決に向かわないと、「持続可能社会(共生社会)」の成果は期待できません。とりあえず出来るところからでも始めようというのが現状なのです。

本書を通じて何度も言ってきたことですが、社会を変えるには「政治と産業」が変わらなければ達成できません。その「政治と産業」を変えうるものは誰でしょうか。政治家を選ぶ選挙権を持つのは市民であり、一方、産業の存在を決定づけるのは市場を作っている消費者です。すなわち民主主義社会においては市民

（消費者）が本来、社会の在り方を決定づける最大の権限保持者であるはずなのです。

ところが現実の社会では政治や経済の指導者が、身近な生活に関わる視点に都合よく誘導してくれるマスコミなどを使って、市民を洗脳しコントロールして、その場をしのいでいます。政治は目先の景気動向や、雇用・福祉対策など選挙対策の政策に重点を置き、経済は巨大な株主資本の付託にこたえるため、当面の業績向上に役立つ経営戦略に終始しているのです。つまり現実の指導者たちは長期的な視点に立った、また広い視野での計画は不得手なのです。どうしても現在の地位を守るために保守的になってしまうのは、いつの時代も同じです。

現在の経済的な繁栄こそが、人類の持続可能性を危うくしています。しかし、この経済の繁栄よって市民生活も豊かになり、その限りにおいて市民は一つの目的を達成してきました。つまり持続可能社会を構築するということは、我々が享受してきた恩恵に対する「自己矛盾」なのです。

「有限なるものには自己の内に矛盾があり、時間の経過とともに自己の矛盾が成長し、本体を否定し反対者にする」

今こそヘーゲルの弁証法の実体験が始まることを、しっかりと認識しておくことが必要な時が来ています。

現在言われている危機的状況をこのまま放置すると、人類の現状の持続は不可能になります。乏しくなっていく資源や、食糧、水などを求めて世界は修羅場となり、荒れ果てた自然界にわずかに生き残った人類だけが、原始的な生活を余儀なくされることでしょう。


産業革命以前の社会に、経済がどの程度影響力を持っていたでしょうか。もちろん当時は、出来るものは自給自足で賄い、出来ないものは他の生産労働で稼ぎ、消費にあてていたのでしょう。当時は職人による手作業が主な生産手段でした。それだけに生産ラインが自分たちの身近にあり、時には見よう見まねで自分でも作ってみることも出来たことでしょう。

また各地域の商人たちによる情報網がそれなりにあったと考えられます。

私も商売人だった父から、商人のもっとも大切にしなければならないのは、「値ごろ勘」だと教えられました。

商人はどこへ行っても、ちょっと目につく商品には、

「これ、なんぼしますねん」

と聞く。「それが商人の基本だ」と言い、生涯それを繰り返していると、何を見ても、商品ごとの相場がおよそわかるようになるのです。

「その感性で全国を商いに回りながら各地の商品の相場に目を配り、意外に安い商品を発見するとその原因を探りマークしておく。そして最も高く売れそうな所を探して売る。商機とはそうしてつかむのだ」

と教えられました。

その後、知ったことでしたが、こうした商いの手法は江戸時代に近江商人なども行ってきた「諸国産物まわし」といわれる商いそのもののことでした。

一般に流通している商品でなくても、仮に芸術品でも、不動産でも、希少価値のあるモノでも、専門性はあるにしても、そうして価値観を身につけていくのが

商人の資格の一つだといわれてきました。

売るにしても買うにしても、顧客と相対して相手の要望に応えながら、値決めをしていく。その折衝《せっしょう》を通じて、生涯信頼して付き合える相手か、そうでない相手かを見極めて、対応も変えていくのです。

もうひとつ、客の立場に立った私と女房は、行きつけの電器店で薄型テレビを買おうとした時、画面の大きさに感動して、かなり大きい画面のテレビを選びました。そこへ親しくしている店主が帰ってきて、

「そんな大きい画面は駄目だと思うよ。お宅は夫婦二人で見るだけだし、それにテレビの部屋は確か六畳間だったね、こんな大きい画面だと、部屋の片隅で見ることになる。悪いことは言わないから、この画面ぐらいがちょうどいいと思うよ」

結局、その店主の言うとおり小振りの画面のテレビを購入しました。今でも、その時のことを思い出すたびに、「よかったな」と女房と頷き合っているのです。

地域密着型のビジネスは「売り手よし、買い手よし、世間よし」の「三方《さんぽう》よし」の理念で行うのが基本です。売上の拡大、右肩上がりの成長にばかり気を取られ、顧客を洗脳し、高額商品はローンで買わせ、「消費は美徳である」などというでたらめな価値観を正論とし、その波に乗って事業拡大に走ることが企業経営の道であるというのは、すでに過去の経営論となりました。

大量生産には大量消費が必要です。消費者に「消費は美徳である」ことを本気で信じ込ませないと、経済成長はなくなり、経済至上主義は成り立たなかったのです。しかし、持続可能社会はこれら経済至上主義社会の価値観を否定するところから始まるのです。

大量システム社会は行き着くところ、自然破壊、資源枯渇、格差社会にたどりつき、激しい競争のあと崩壊するでしょう。それは「共生」の思想がないからなのです。

一部の大企業によって寡占化《かせん》される経済を地域に分散し、自立型地域産業を中心にした、人の絆によって培われる「共生社会経済」を取り戻さなければならない時がもう、すぐそこに来ています。

それこそがあるべき「人の道」であり「中小企業道」の姿であると考えるのです。

二、中小企業が生きる道

中小企業と大企業の違いについて述べてきました。では、大企業には出来ない中小企業の在り方、果たすべき役割、その存在価値はどこにあるのでしょうか。

中小企業の規模は零細ですが、数多く全国の地域に散在しています。私は中小企業の存在感は、農業のそれとよく似ていると思います。

農業はまず土地が必要です。農家はその土地に愛着を持ち、土壌を肥沃《ひよく》にさせ、その土地から少しでもよい産物が出来るよう長年にわたって努力を重ねていきます。近隣に同じような農家が集まっていても、相手を叩き潰すための競争などはしません。自分の仕事を向上させ、評価されるための努力の一つとして、教えを請いながらがんばることはあっても、相手との競争に勝って相手のものを取り上げることなどは、この農業社会ではあり得ないことなのです。

中小企業を創業するとき、新規開業にふさわしい優れた商品はもとより、忘れてはいけないのは周辺に協力者が必要なことです。共同経営者やマネジメントを担当する信頼のおけるパートナー、資金を出してくれる出資者や銀行、売ってくれる人、買ってくれる人。事業は「人、モノ、金」という地盤がそろっていなければ成り立ちません。農業者にとっては、継続して産物を生み出す土地が同様なものといえましょう。

土地を耕作し肥料を施し、種をまき、そして必要ならば水もやり草も引く、そのほか周囲に学んでその作物にふさわしい環境を整えていきます。創業も、当初企画した商品が消費者に評価されることが第一です。それには製造上の課題を解決し、それを軌道に乗せていく苦労も絶えないでしょうが、とりあえず最初にわが社の商品を買っていただいた顧客には、誠意を尽くさなければなりません。この顧客の感想や意見は、何物にも替えがたい天の声なのです。顧客は、たぶん共鳴する仲間を作ってくださることでしょう。そして起業をした経営者は、その大切な顧客と一体になって企業を立ち上げていくのです。それが農業でいえば肥沃になった土地を作り上げ、維持していくことにつながっていくのです。

身近な顧客に認めていただくには、決して理屈だけで出来ることではありません。経営者の人柄と情熱、事業を始めた志、そして肝心の売り出した商品に、惚れ込んでくださってのことなのです。

農業も、何も言わない作物が芽を出し、元気に成長していく、その作物の心が読めるようになってこそ本当の農業者です。愛情があればその作物が何をしてほしいのか、どうすればいいのかがわかるようになるはずです。わからない間はまだまだ勉強が足りません。周囲の農場から学び、経験の豊富な先輩の指導が必要なのです。

このようにして創業した中小企業には、わが社を育ててくれた地域（土地）があり、固定客がいてくださる。供給者と消費者が一体となって必要事項を満たしていくのが経済であれば、市場は固定客が中心になることは言うまでもありません。地域で信頼され、相談をされる顧客と共に活動するところこそ、中小企業の市場なのです。

地方都市にも経済団体はいくつもあります。会合といえば、経営のセミナーであり、経営コンサルタントか、実際に経営に携わっている優良企業の経営者の話を聞く。少々うんざりもしますが、いつかどこかで役に立つことがあるかとも思い、熱心に聴講しています。そのようなハウツーの勉強会では、よく成功事例から学ぶものは少なく、失敗事例から学ぶものが多いなどと皮肉られています。

特に中小企業の成功や失敗は、もちろんご当人の力量、あるいは不始末によることもあるでしょうが、ほとんどの場合その人の運、不運によるものも多いと思います。「人・モノ・金」との出会いや、巡り合わせはなかなか努力だけでは得られず、あるいは出会っていても当人が気付かず、みすみすチャンスを逃がしていたり、相手から軽く見られて見放されたりしている場合もあります。

「事業は、笑いと勢いがあり、時流に乗っていれば成功する」

――というのはこの事です。元気があって、笑顔が絶えず、営業に飛び出していく者も、配達に出かける者も、電話をとる者も勢いのある事業所は、利益を上げているはずというわけです。

逆に皆が暗い表情で、

「いらっしゃいませ」

――の言葉も小さく、たばこを吸っている営業マンの動作も鈍く、汲んでくれたお茶もぬるい。

そういう事業所の責任者は、

「弱ってますねん。今月も赤字ですわ」

と頭をかきながら、訪ねた上司に月次決算書を見せて報告することでしょう。上司もため息をつき、暗い顔になります。この事務所の暗さ、元気のなさであれば貧乏神が住みやすそうです。福の神はもっと賑やかで、皆が明るく元気よく飛びまわっている事業所を好むのではないでしょうか。

幸運を呼び込む事業所。そこには仕入先も、得意先もビジネスチャンスを求めて、暇があったらやってきます。そして楽しく雑談を交わしながら、それでも情報のいくつかは交換していく。経営者でなくても、たとえば井戸端会議でも、情報のありそうな所に人は集まります。そしてなお情報は厚く集積されていくのでしょう。

三、自らの人格形成が何よりも大事

このように、クチコミに始まって商品が順調に売り上げられ、経営がスムーズにすべり出すためにも欠かすことのできないのは、当初からの信用が一貫して変わることのなく積み重ねされていくことです。

社歴もなく、過去に蓄積された信用もなく、いつつぶれるかわからない企業をどうして顧客が信用してくれるでしょうか。それは初回に提供される商品の魅力と、それを持ち込む経営者や従業員の人柄、人徳によるものが大きく左右します。最初の面談の際の印象が商談成否の八割を占めるといわれていますが、その印象で識別するのは先方の感覚によるものでしかないのです。

事業に必要なものは「人、モノ、金」といわれます。

その事業を興すのにふさわしい人物かどうか。その上で市場に評価される完成された商品（モノ）があり、同時に企業としての体制を整え経営を進めていくためには、運転資金や先行投資（カネ）も必要です。

普通、経営者はこの「モノ」と「金」の用意に忙殺され、自らの人格形成にまで気が回りませんが、実はこれが一番大切なことなのです。

この人徳の入門編として、近江聖人・中江藤樹《なかえとうじゅ》先生に「五事を正す」という言葉があります。参考に、次にあげます。

五事を正す
貌　和やかな顔つきをする
言　思いやりのある言葉で話しかける
視　優しいまなざしでものごとを見つめる
聴　耳を傾けて人の話を聴く
思　まごころをこめて相手のことを思う
（井上昌幸「日本の精神」M・O・H通信二十九号より）

経営者として世に出て行く以上、最も基本的な人格形成の心得として肝に銘じておきたいものです。あなたの人徳や人柄を慕って人は集まるのですから。
いかに経営に没頭し全力を尽くしていようとも、経営は人生の一部に過ぎません。経営に携わらない時間、経営にかかわらない人との交流、周辺の自然美や芸術との出会い、自らの人生を省みるとき、あるいは死生観に心を惹かれるとき、愛する家族に思いを馳せるとき、などなど、いかなる経営者といえども、経営以外に心を奪われている時間は意外に多いものです。

人は幼児の家庭教育から、学校教育、友人の影響、社会に出てからの経験などによって人生観や価値観、倫理などを形作っていきます。その集積が今日の、その人の人格や人徳となっていくのです。

経営においては、自社のパートナーをはじめ社員、得意先、仕入先、金融機関などなど、大勢の人の信頼を集める必要に迫られます。もちろん、品質や価格に信頼のおける商品があってのことですが、経営者の人間性に信頼がおけないようでは、人は離れていくばかりです。

人がたくましく生きていくためには、人生に夢を持ち、その結果めざすところが決まれば、それを自らの志として、行動を起こすときの判断基準とすべきです。それがその人の倫理感にならないといけません。人生に何を求めているのか、少なくとも企業経営にあたっては、それを確定することが肝要です。

企業はそのために企業理念、経営理念を掲げるのです。内容はさまざまですが、いずれも周囲の信頼を勝ち取ることを目的に掲げるものなのです。

四、自己の人生哲学を背景に経営理念をつくろう

歴史的にも、人が徳を積み信用を継承していくための「家訓」が数多く残されています。たとえば近江商人の家訓の集大成ともいうべき「三方よし」などは、近江の商家で生涯を商いに徹してきた主人が次世代に書き残したもので、そこには「信用を残せ」との願いが切々と書かれています。

これらの家訓の多くは、商いの手法についてではなく、いわゆる商人としての生き方、人としての進む道を諭していることが顕著です。多くの利益を得る前に善行を行えと諭した「先義後利栄」（義を先にし、利を後にすれば栄える）や「利真於勤」（利は勤むるにおいて真なり）など、始末・倹約を旨として一生懸命に仕事に励んだ近江商人らしい家訓です。

家業、企業を問わず、築き上げてきたわが家系の大黒柱に、決して瑕《きず》を付けてはならない。先祖から受け継ぎ、それを子々孫々につないでいく、家長として、

あるいは経営者としてあるべき姿を映し出しているのです。時代の変遷に伴って取り扱う商材やシステムは変わっても、変えてはならない理念・道義・倫理・価値観があるはずです。近江商人の家訓の中でも「商売替法度《しょうばいがえはっと》」というものがありますが、これは主人のわがままで商いの内容を変えるのではなく、根底にある理念や価値観はそのまま、しかし時代に即応したシステムや商いの中身は変革していくべきであるといいます。

世の中には「善」なる行為だけでは通らないこともあります。そのときに先祖から引き継いできた倫理感に行動の判断基準を求めることとなります。その倫理観を自己の中で確立しておくことが重要なことなのです。

創業当時は手が回らないにしても、売上が安定化し、従業員の募集を始める頃になると、店のキャッチコピーとしても、経営理念が必要になります。これは大変重要なことです。

・なぜ自分はこの事業を始めようとしたか

・将来どのような会社にしていこうとしているのか
・日々努力をしていることは何か
・それを顧客や従業員にどのように訴えかけていくのか
――などを考え、いろいろな言葉を捜しながら試行錯誤を繰り返す、その過程が大切なのです。

ただ、そのとき自分の頭に浮かんだ言葉や、他社の例などで見た名句に魅かれて簡単に決めてしまってはいけません。開業したての自分の頭の中だけで、経営理念はなかなか作れるものではありません。事業を進める上で発生する数々の失敗や成功体験、あるいは多方面から寄せられる生の情報や、体で覚えた「智恵」が、ふと気付かせてくれることでしょう。

「俺の人生って何だろう」

「この仕事のどこにプライドが持てるのか」

「従業員の幸せは」

「顧客とは」

「なぜこんな儲からない仕事をしているのか。他にすることはないのか」

「社会の役に立っているのか」

――などなど、まさに人生哲学のネタが一杯に出てきます。これらは、ほとんど論理的に回答が得られるものではありません。数多くの体験から得た感性で解答を出さざるを得ないのです。この経験が下敷きになって、そこから人生観とか、価値観、倫理感、社会観、そして事業観が生まれるのです。

そして、ようやく
「自分の事業はかくあるべし」

という思いが固まってくるのです。

つまり経営理念のその背景には、自己の人生哲学がなければ生み出されないはずのものなのです。

自己満足の、格好の良い経営理念を作りそれを誇示しても、顧客はもとより従業員、家族にも納得させられるものにはなりませんので、誠心誠意、渾身《こんしん》の力を振り絞らねばなりません。

ところが、そのように人生経験から哲学を得ようとしても、企業人として周囲が認める「人格・品性」の基礎を自らのうちに固め、基本的な倫理感や道徳観を持たないと、基礎工事を抜いてビルを建てようとするようなもので、その上に建つ建物にいかに大きな手間や費用をかけても、しばらくすれば倒壊してしまいます。

一部のマネーゲームのように、短期間に労せずして儲かるからといって起業し、またたく間に財をなし、一瞬の間に消えていく企業も少なくはありません。いったい彼らはどのような倫理感や道徳観を持って創業したのか、またどのような人生観を持っていたのでしょうか。おそらく彼らは、「金があれば何でも買える」と勘違いし、この「何でも」の中には幸せも、人と人との絆も、充実感も達成感も、何もかもすべてがあると信じ込んでいたように思えます。

瞬間的に消える企業はいざ知らず、事業の継続を志す企業には、それにふさわしい思想があるべきだと考えます。そこにしっかりとした理念が生まれるのです。

たとえば、企業の理念をいくつか挙げてみましょう。

お客さまを大切にする
信用を第一に考えている
常に最良の商品を提供する
社会に貢献する
社員やその家族を大切にする

――などなど、全国には数万の、いや数百万の経営理念が存在し、内容は概ね似たようなものでしょう。しかし、表面化された文言がよく似たものであっても、根底に潜む経営理念は、世間に出しても恥ずかしくないもの、お客さまに信頼され安心してもらえるもの、世間の良識を盛り込んだものなどを考慮し、企業戦略の一部として真摯な心構えで創るものです。

近江商人の経営理念の中心となった「三方よし」は、「売り手よし、買い手よし、世間よし」この三者が共生する中で、ビジネスが成立するのが理想であるとする考え方です。そして利益が出れば、その利益は、①不慮の災難の準備金、②従業員への報償、③社会貢献に支出するという、利益を三分法としました。

売り手は少しでも高く売り儲けたいし、買い手はほしいものを安く買いたい。その中にあって、売り手も買い手も「よし」とする取引をせよと言っています。また、その商品が社会に普及したとき、社会にも好影響を与え、広く人々に幸せをもたらすものでなければならないとしています。

この理念の中で経営が続けられると、その企業の繁栄は約束されることになるでしょう。ビジネスには「駆け引き」や愛想で客の好意を引き出し、売りたい商品を客の求めに合った最良の商品だとして推奨することがあります。多少の誇張が出てくるのは仕方がないとしても嘘はいけません。たとえ不利益があっても正直であるべきです。近江商人の家訓で単に「正直」というだけのものがあります。また、商いは「菩薩《ぼさつ》の業」ともいい、利益が出たり、損をしたりすることもなりゆき次第であると諭していることもあり、偽りの商いをしてはならないと戒めています。

社員に、「利益を上げてこい。赤字ばかりを出している奴はクビだ。わかったか！」

などと責め立てていて、

「わが社は利益よりも信用を重んじます」

と唱和していても、何の役にも立たないではありませんか。当然、社員も呆れてしまうことでしょう。


また社長個人に信望があるかも求められます。企業経営者に求められる信望とは、正直で、決して嘘をつかない、真面目で陰ひなたなくコツコツと努力をするというだけでは駄目です。つまり、模範とする人格者というだけでは経営者として人はついて来ません。

では何が必要なのでしょうか。これも本来は前述したように、自己の人生哲学の中からたどり着くべきところです。もちろん、経営者といっても一社会人です。社会人として求められる良識は当然備えてなければいけませんが、それ以外に外部から評価される個性が必要なのです。

経営ばかりでなく世渡りの中でも、ショックに対し自分を見失ってはいけません。どのようなときにも毅然《きぜん》として、自己の倫理感に基づく価値判断で、一貫した行動が出来ること、つまり「動かざること山の如し」といった態度が必要なのです。

そのために過去に苦労をしておくことも役立ちます。あるいは自身に欠陥をもっていて悩み、苦しみ、それを乗り越えた強さを体験していることも、大きな武器になるでしょう。

自信を喪失し人の影に隠れて生きているようではいけません。言葉を換えて言えば、欠点に悩むことは千載一遇《せんざいいちぐう》のチャンスと受け止めてください。その悩みに敢然《かんぜん》と立ち向かい克服すれば、それは人生の大きな力になるはずです。私の場合も子どもの頃に吃音《きつおん》で悩みましたが、克服した時の達成感がその後の人生で大きな原動力となったと信じています。

私は、「辛抱・根性・気配り」という言葉が大好きです。

世の中には耐えがたい困難にも「辛抱すること」が必要な時もあります。それでも、その苦痛を耐えて負けずに戦えば「根性」が生まれます。そのような経験があれば、「辛抱」に耐えて苦労をしている人に対して、本当の「気配り」が出来るようになるはずです。

人にはさまざまな性格の違いがあります。理念を中心に判断する人、現実をありのまま見て判断をする人、あいさつをはじめ形式にこだわる人、論理的に納得をしようとする人、感性で受け止める人等々、さまざまです。

性格の違いはそれぞれの人の特性であり、自分の性格に合わない人の価値観を受け入れられない場合は少なくはありません。たとえば朝礼を厳格に行って気分を引き締めて仕事にかかろうとする社長もあれば、朝礼に力を入れても売上が増えるわけではなし、そんな時間があればすぐに仕事にかかれ、という人もいます。

異なった価値観が交錯して、どれが正しいと決めかねる時でも、組織の全員が一つの方向へまとまって行動を起こすためには、トップが決断を下し、それに社員が従うことは当然のことです。しかしトップは自らの価値観や判断に異論がある社員の声にはよく耳を傾けなければなりません。各方面から寄せられる情報にも、同じことが言えます。自分の価値観と異なるものをすべて否定してしまっては、その錯誤によって悲惨な結末を迎えることがあるのです。つまり自己の主張は明確にしつつも、他の意見にどこまで譲歩するのか、その価値判断を誤ってはいけないのです。

私は、尊敬する先輩にこんなことを言われたことがあります。

「成果を上げている事業所は訪問すればすぐにわかる。まず取り扱っているものが時流に乗っているかどうか、そして社員の行動に勢いがあるか、全体に笑いがあるか。この三条件がそろっていればその事業所は成績を上げているね」

確かにその言葉は実感をもって納得できました。まず、トップの性格が積極的で未来思考であり、部下を信頼し任せていく、基本的には楽観主義者であること。

「責任は俺がとるから思い切ってやれ」と部下に言えるタイプ。もちろん、そのトップを支える緻密なマネージャーが必要なのは言うまでもありません。

そしてトップは敬愛されなければいけません。威厳をもって事に当たっても、どこかに魅力があり、そのトップを自分たちが支え、何としてもトップの夢を実現させたい。そんな家族意識のようなものがチームに芽生えることが大事なことです。

五、信用の継承を可能にするものは何か

企業が継承されていくには、後継者もその企業にプライドを持ち続けていることが大切です。

店(会社)のプライドとは何か。少なくともその店で買い物をする客が、満足感を持っているのであれば本物です。贈り物にしても、確かな品物が一流店とし

て認識されている店で求められていれば、贈り物を受けた側も満足感が出てきます。

現代ではパソコンでのインターネットなど情報機器等を通して、画像で商品を選び発注するケースも増えてきています。これも一つの商法でしょうが、私にはその取引にとって信頼の絆、買う動機の購買者のプライドの満足感があるとは考えられません。まさに商品力と価格の魅力だけの世界ではないかと思うのです。おそらくインターネットだけを通じて販売する店舗のなかから「老舗」などは生まれることはないでしょう。

企業の信頼をそのように考えれば、積み重ねてきた信頼の基本をしっかりと認識して、間違えず積み重ねて、その企業の特徴とし続けなければなりません。

その時に芽生えるプライドが、その企業に継承されていくか、後継者もそれを自覚し受け止めているかが、事業継承の大切な基本であることを忘れてはならないのです。

六、幸せな生涯は地域にあり。「M・O・H」のこころで創るもの

企業に就職をしてまず社員教育を受けます。幾日かの講義を聞くのでしょうが、全体として、

「諸君は『当社の人間』として、すべてを会社に賭けてほしい。わが社が立派な企業として成長するのも、駄目になるのも諸君の肩にかかっている。その責任を自覚してがんばりなさい」

そのとおりのことを言うかどうかは別として、主旨としては会社人間を養成するための社員教育の第一歩であります。その意味で、企業は一般の社会から隔絶された面も持っています。

企業の損益でいうと、最大の経費は人件費です。よく、

「優れた経営者とは安い機械を買って、それを生産性の高い機械に改造して使うことの出来る人だ」

などと言われます。もちろんこれは機械のことだけではありません。社員につ

いても同じことが言えるのです。

「給料の高い社員を入れなくても、社内で鍛えて、それ以上の仕事をさせればいい」

ということなのでしょう。

もちろん、本人も気付かない隠れた才能を会社が見出し、それを育てて立派な人材を創りあげれば、これは素晴らしいことであります。そのためにもまず社員が会社人間になり、会社から与えられた仕事にのみ没頭し、その中で熟練の技を身に付け、現場からの開発研究に貢献するように仕込めば、その会社の発展成長は約束されます。特に国内に留まらず、海外への赴任も多い現代では、会社を離れて家族と共に過ごす時間は限られていて、家庭は単に寝に帰る場所か、多少の癒しになる程度の存在になってしまうのです。

私も父親のもとで家業についたときも、

「昼間から、男は仕事以外の話をするな！　勘が狂う」

と叱られました。ましてや家庭を預かり、子育てを任されている母親が、

「あのー、お父さん。ちょっとご相談が――」

と言おうものなら、

「男に相談なんかするな。家のことはお前に任せてある」

と取り合わない。

まさに仕事に命をかけている男のようでした。親父のことですから、面倒くさいだけだったのかも知れませんが……。

「いいか、男子一生の仕事に全力を傾ける、その根性を忘れてはいかん」

などと説教付きでもありました。

しかし、現代の就職活動で企業を選ぶとき、一生を賭けた仕事としてその企業を認識して入社しているでしょうか。就職はかっては終身雇用が一般的でした。生涯その会社に勤め抜くのであれば、社内の競争に打ち勝って、幹部社員として出世をすることを考えるのでしょうが、現代の雇用関係や企業の経営体質では、生活全体のことを考えると、そこまでの情熱をその会社に注ぎ込めるかは別問題

であります。

最近の少子化問題の一つに男性の草食化が言われています。夫婦の間で性生活が極めて少なくなっていることが、厚生労働省の研究班の調査で報じられています。その要因としては「面倒くさい」「仕事で疲れている」などが多かったということです。調査を担当した日本家族計画協会クリニック所長は「少子化に直結する問題で、対策が必要だ」と述べています（二〇一一年一月十三日、京都新聞）。

児童虐待問題、育児放棄などの多発する状況を考えるとき、夫婦がそろって働かないと食べていけない家族を取り上げた、ワークライフバランスが社会問題になり、企業の雇用対策として育児所をもつべきだということが言われています。育児所をたくさん作って家族から育児も家庭も取り上げる考え方はいかがなものでしょうか。

もちろん家族にとって生産労働は必要条件でありますが、愛情のあふれた子育てや、円満な家庭を築き、地域の自治活動やＰＴＡ活動、寺社の維持にも努め、郷土を愛し国を愛する、それらを含めた活動もすることが、ワークライフバランスなのです。もちろん家族が手分けをして助け合って行うのですが、夫婦そろって会社人間になり、企業活動にすべてを捧げ、後を社会や行政に丸投げする生き方は、いかにも経済合理主義の誤った蛮行であると言わざるを得ません。

企業活動にとっても、わが社の利益だけを考え行動する会社人間に顧客が魅力を感じるでしょうか。警戒されるだけではないでしょうか。この傾向は大企業の管理職に多いようですが、彼らは企業人としてのあるべき姿は備えていても、一般社会や、地域や家庭に関わっている本来の社会人を蔑視しているように思えてなりません。

ここで間違えてはいけないのは、一般大衆こそ社会を構成する大切な人たちであるということです。決してマーケティングの対象とだけ見てしまってはいけません。エリート教育で、そこを見失ってはまともな社会活動、企業活動はできません。

蛇足ですが、企業を退職するまで永年、共に働き、暮らし、同じ会社人間としての価値観を持って付き合ってきた、元同僚からはなかなか生涯の友は生まれないものです。たとえば小・中・高の友人が復活して付き合うことが多くなります。それは競争社会に生きてきた人の宿命的なものでしょう。

幸せな生涯とは、家族が共に生きる地域を愛し、文化や歴史そして宗教を共有する人々を生涯の友として、大切に生きることだと思います。

あとがき

人間というものは進歩しているのだろうか。確かに科学技術で創られたモノは進歩している。少なくとも過去のものより変わってきてはいる（その進歩が人間の幸せにとって役に立っているかどうかは別として）。

しかし、すでに数百年、いや千数百年以上前から人の心にあるさまざまな思いは、一つも変わっていない。宗教も、大昔より退化したとしか言いようのないものが、数多く生まれたり消えたりしている。いわゆる哲学も文学も音楽も、どうも右脳に関わるものは進歩というものに関係がないようだ。悩んだ末、大昔の教えや思想にたどり着き、人々は救われている。

おそらく人生そのものも、そのとおりだろう。人の喜びも悲しみも、幸福も不幸も、過去に学ぶ以外に方法はない。新しい思想が語られても、それが人類にとって過去になかった「人生」を生み出すことになるわけではない。

私は、商いの世界でも、現在では、最新の情報や解析能力をもった機器類に囲まれているといっても、その主人公は、決して機器ではない、人間なのだから結局は昔からの在り方に戻るだけではないかと思う。

「昔のことは、今の世の中では通用しませんよ」

高齢化するにつれ、このような言葉を聞かされてもきたが、それは瞬間的なことであって、究極は昔と同じところに落ち着くような気がする。

私は、この年になってこれを書いていて、この事を痛感した。例えＩＴがどこまで進もうと、バイオが進歩しようと、それだけでは、人を幸せにする契機とはならない。家族を中心に、地域や時には国家の人々の絆に囲まれて、そして人のことや、世間のことに思いを致し、役に立つ生き方を目指すことが、究極の「幸せの道」につながるのではないだろうか。

■著者略歴

森　建司（もり・けんじ）

1936年、滋賀県生まれ。現在、同県長浜市在住。
新江州㈱元社長・会長。アグリビジネスカフェ座長。300年経営塾塾長。循環型社会システム研究所代表。

著書：『吃音がなおる』（遊タイム出版）、『循環型社会入門』（新風舎）、『中小企業にしかできない持続可能型社会の企業経営』『中小企業相談センター事件簿』（ともにサンライズ出版）

中小企業が生きる道
もったいない・おかげさま・ほどほどに

2015年7月30日　初版1刷発行

著　者／森　　建　司

発行人／岩　根　順　子

発行所／サンライズ出版
滋賀県彦根市鳥居本町655-1
TEL0749-22-0627　〒522-0004

印刷・製本／シナノパブリッシングプレス

ISBN978-4-88325-576-4　C0034